Como Mandar tu Empleo al Carajo

Descubre lo feliz y próspero que puedes
llegar a ser al romper las cadenas que
te atan a un empleo frustrante

ANDRES VELASCO

Como Mandar tu Empleo al Carajo

COMO MANDAR TU EMPLEO AL CARAJO

Descubre lo feliz y próspero que puedes llegar a ser al romper las cadenas que te atan a un empleo frustrante

ANDRES VELASCO

¿Por qué leer este libro?

Hazte las siguientes preguntas:

- ¿Te gusta realmente tu empleo y disfrutas lo que hoy haces?
- ¿Cada mañana al levantarte das gracias por tu empleo?
- ¿Incluso harías gratis tu trabajo porque es la vocación de tu vida?
- ¿Estás satisfecho con el aporte que haces al mundo a través de tu empleo?
- ¿Tu empleo está alineado con tus principios y valores?
- ¿Vuelves a casa lleno de energía y satisfacción luego de tu jornada laboral?
- ¿Lo que haces en tu trabajo te da felicidad?
- ¿Trabajas en eso por razones más allá de solo cobrar un sueldo?

Si respondiste que NO a alguna de las preguntas anteriores, este libro es para ti.

Y ahora qué tal las preguntas que tú quieres responder:

- ¿Maldices los lunes y solo vives esperando el fin de semana para alejarte de tu empleo?
- ¿La única razón por la que tienes ese empleo es el dinero que te pagan por hacerlo?
- ¿Sientes que tu empleo transgrede tus principios y valores?
- ¿Te levantas todos los días alegando y/o maldiciendo por tener que ir a trabajar?
- ¿Si tuvieras resuelto el tema económico renunciarías a tu empleo sin pensarlo?
- ¿Ya has imaginado cómo sería tu forma de decirle a tu jefe adiós?
- ¿Te juzgas a ti mismo por obligarte todos los días a ir a ese trabajo que no te gusta?
- ¿Sientes que tu jefe o la empresa abusa de ti y no te pagan lo suficiente?

Si respondiste que SI a alguna de las preguntas anteriores, este libro fue creado exactamente para ayudarte a dejar atrás ese empleo para que seas más próspero y feliz.

ÍNDICE

INTRODUCCIÓN

Yo oficialmente mandé un empleo frustrante al carajo hace unos años y puedo decir que ha sido la mejor decisión que he tomado. Aquí no se trata de contar mi historia ni mucho menos, eso a quien le interesa, sino ayudarte a vivir una vida más feliz y próspera saliendo de la negatividad, pesimismo y desesperanza que te puede causar el tener que trabajar en un empleo que detestas solo por necesidad económica. "Necesito el dinero para pagar las deudas y sostener a mi familia" o "No quiero perder el estilo de vida que mi salario me da" son ejemplos de frases que amarran a muchas personas en un empleo que no les gusta; eso es lo que yo quiero acabar y es el propósito de este libro, mostrarte cómo puedes salir de esa cárcel que no te deja prosperar.

Este libro será un diálogo entre tú y yo, cara a cara. Será como si estuviéramos conversando de forma normal. Te haré preguntas para ayudarte a hallar tus respuestas y llegaremos juntos a conclusiones valiosas sobre por qué debemos enviar al carajo un empleo que nos frustra y nos hace infelices. No voy a escribir como un Cervantes, el diálogo será personal, sencillo y directo.

Un poco sobre mí y el porqué de este libro

Mis 10 años de vida laboral como empleado se describen en una sola palabra: Frustrantes. Te cuento esto solo para que sepas que entiendo por lo que estás pasando, que yo lo viví y quiero ayudarte. En el colegio siempre era el primero o segundo de la clase, excelentes notas, hacia las tareas, etc. De la universidad me gradué incluso con una mención honorífica. El hecho es que, con los constantes halagos de la familia y mi nuevo título como ingeniero estaba listo para trabajar duro, ascender y comerme el mundo. Pobre iluso. Además, tenía una deuda enorme del préstamo que pedí para pagar mis estudios universitarios. Así que la motivación de conseguir un empleo y dar lo mejor de mí era total.

En mi primer empleo, luego de una pasantía excelente me gané el reconocimiento de colegas, jefes y la empresa decidió extender 6 meses más mi pasantía y me dieron un puesto con más responsabilidades prometiéndome luego un contrato laboral formal. Trabajé muy duro, recibí felicitaciones constantes y luego de 6 meses mi recompensa fue……otro contrato de pasante sin prestaciones. Ok. Trabajé incluso más duro, gané más felicitaciones y palmadas en la espalda los siguiente 6 meses y mi recompensa fue……otro contrato de pasante por otros 6 meses. ¡¡¡¡¡¡NO ME JODAN!!!!!! Para que me felicitan si no sirvo ni para tener un contrato legal de empleado con prestaciones. Fue el primer empleo que mandé al carajo sin medir consecuencias, era joven y le costó a mi familia una situación económica muy dura sobre todo por la deuda del préstamo universitario que tenía. El haber sido responsable con mi dignidad se convirtió en miedo a renunciar para no afectar a mi familia económicamente nunca más.

En mi segundo empleo, conseguí un contrato laboral y ya como empleado ganaba algo de dinero y las cosas empezaban a mejorar. Volví a destacar por la calidad de mi trabajo y mi compromiso, felicitaciones y palmadas en la espalda nuevamente. Cuando mi jefe me dijo que trabajara horas extras que me las iba a pagar, vi una oportunidad enorme de hacer dinero extra. Me esforcé, saqué los proyectos adelante, trabajaba en otra ciudad lejos de mi familia, pero el solo ver que, con las horas extra, ya llevaba el doble de mi salario me motivaba. Ahora si era mi momento. ¿Mi momento? Mi momento para trabajar de lunes a domingo sin descanso con un jefe patán y grosero donde todo en su área era urgente. Al final cuando todo estuvo hecho, mi jefe me dijo que revisó mi contrato con recursos humanos y no tenía derecho a horas extras. El tamaño del madrazo que le dije a mi jefe fue enorme, lo malo fue que se lo dije en mi mente. Salí de su oficina y como tenía el miedo de renunciar de la experiencia pasada empecé a buscar otro trabajo. A los 15 días lo encontré y renuncié de una. Allí si mi jefe me ofreció contrato directo con la empresa, el doble de salario para que no me fuera y al menos tuve la satisfacción de decirle "no gracias".

En mi tercer empleo la historia se repitió. Destaqué, felicitaciones, palmadas en la espalda, era el que menos ganaba del área y uno de los que más trabajaba. En esta empresa me tocó ver como gente que literalmente no sabía cómo hacer una suma en Excel, manejaban toda la contabilidad y ganaban sueldos increíblemente altos mientras yo trabajaba el triple, les enseñaba como hacer su trabajo y cobraba miserias. Me dije que si quería que me respetaran y me tuvieran en cuenta para cargos importantes, tenía que estudiar una maestría y así lo hice. No había terminado de pagar mi carrera profesional y ya tenía otra deuda para mi maestría en administración de negocios. Pedí un aumento de sueldo y se demoró más de 1 año en hacerse efectivo. Luego me enteré que desde que lo pedí estuvo aprobado por el gerente general pero el jefe de recursos humanos nunca hizo el trámite, se le olvidó a la "belleza" esa. ¡¡A la mierda, me largo!!. Busqué otro empleo, lo conseguí y renuncié.

Mi cuarto y último empleo fue el peor de todos. Fue la misma historia, pero con anabólicos. Aquí me tocó ver como al empleado perezoso, le quitaban responsabilidades (pobrecito él/ella no puede con tanto) y se las pasaban al empleado que mostraba responsabilidad y ganas. El problema era que al vago le quitaban trabajo, pero no salario y al bueno le aumentaban el trabajo, pero no el salario. Éramos 20 personas que odiábamos a nuestro jefe. Y como no hacerlo, era patán, terco, bruto. En las encuestas de clima laboral siempre éramos la peor área de toda la empresa y al jefe en vez de despedirlo le hacían aumentos de salario. Mi formula de buscar otro trabajo, perdió su efectividad, luego de pasar mis 30 años ya no es fácil encontrar trabajo, empiezas a ser obsoleto así tengas maestría. Duré casi 3 años en este trabajo sin poder conseguir otro y menos mal no lo hice porque eso me forzó a empezar a replantear mi vida, a cuestionarme, a enfrentar miedos y planear cómo mandar este empleo al carajo sin afectar económicamente a mi familia. Me vi forzado a hacer cambios por mí mismo porque ya no podía esperar más que el cambio viniera de afuera. Sin embargo, hoy puedo decir que haber emprendido ese cambio ha sido una de las mejores y más responsables decisiones que he tomado para mi vida y para la vida de los míos.

Mi Situación Actual

Hoy en día trabajo desde mi casa con un horario super flexible para una empresa extranjera, mi jefe es el jefe que siempre quise, gano en dólares lo que nunca gané en mis anteriores trabajos juntos, tengo más fuentes de ingresos, pase de tener 50.000 dólares de deuda a 0 deuda y varios activos. Me queda mucho tiempo libre para desarrollar proyectos propios como este libro, tengo más tiempo de calidad con mi esposa, me levanto todos los días agradecido por lo que hemos construido, pero sobre todo vivo con esperanza que nuestro futuro será mejor, eso último era lo que más me hacía falta, lo que probablemente a ti también te haga falta y quiero ayudarte a que obtengas esa esperanza.

¿Por qué te cuento esto? Por 2 razones: La primera es que yo sé de lo que hablo en este libro, porque lo viví en carne propia y si te sentiste identificado con alguna parte de la historia, créeme que te entiendo y puedo ayudarte. La segunda porque al leer mi historia probablemente habrás pensado en miles de maneras en las que yo pude haber actuado diferente para no amargarme tanto la vida, es más hasta me habrás tildado de llorón o de hacerme la víctima por gusto, que a ti o a otros les pasan cosas peores en la vida; tienes razón. Es fácil ver las respuestas en la vida de los demás, pero entonces ¿por qué es tan difícil ver las respuestas en nuestra propia vida? Tal vez porque la vivimos todos los días, pero no nos detenemos a leerla.

Qué esperar de este libro

Lo que encontrarás en las siguientes páginas va a ser revelador, posiblemente no estarás del todo listo para aceptarlo o para creer que puedes, pero si podrás, si lo lograrás, te lo está diciendo una persona que fue un pesimista total y un negativo que no veía esperanza por ningún lado. ¿No me crees aún? Pues una de mis frases favoritas en mi peor empleo era: *"Cuando un elefante se caga en África, no sé cómo la vida hace para que la mierda me caiga a mí"*. Pero ahora te digo que es posible salir de eso y voy a ayudarte.

Este libro se compone de 3 partes: La primera estará centrada totalmente en ti. Se trata de un autoconocimiento, muy necesario para que adquieras la consciencia que no tienes sobre tu vida, que te ayudará a que el proceso de mandar tu empleo al carajo sea consistente y no lo dejes a mitad de camino. Voy a mostrarte los patrones de comportamiento que tienes cuando vives frustrado por un empleo para que veas por ti mismo cómo te afectan y te han frenado en cualquier proceso de cambio que has intentado emprender. Vamos a explotar tu inteligencia emocional. En la segunda parte hablaremos del plan para no afectarte a ti y a tu familia económicamente cuando mandes tu empleo al carajo. Aprenderás muchas técnicas y hábitos simples que cambiarán por completo tu relación con el dinero y te llenarán de confianza para que cada vez dependas menos de tu salario. Vamos a explotar tu inteligencia financiera. Finalmente, en la última parte describiré algunas acciones y consejos para cuando llegue el momento de mandar tu empleo al carajo.

Para poder obtener el mayor beneficio de todo lo que hablaremos en este libro, te recomiendo mucho que tengas un cuaderno de trabajo para realizar los ejercicios de cada capítulo y tomes notas de lo que más sentido haga para ti. En cada capítulo tanto los de autoconocimiento como los financieros encontrarás ejercicios respecto a los temas vistos y un resumen con los descubrimientos más relevantes. Así que ten a la mano tu cuaderno o agenda de trabajo. Es mucho más efectivo escribir a mano.

¡Que comience el camino hacia tu felicidad y prosperidad mandando tu frustrante empleo al carajo!
¡Vamos!

Andres Felipe Velasco

PARTE 1:

ADQUIRIENDO CONSCIENCIA

Parte 1:
Adquiriendo Consciencia

En la primera parte de este libro vamos a dedicarnos a algo que es fundamental para tu proceso de mandar tu empleo al carajo y es elevar tu nivel de consciencia. Si estás en una situación en tu empleo donde sientes que lo detestas y solo piensas en el día que te puedas deshacer de él, pero pasa el tiempo sigue allí estancado, es muy probable que tú nivel de consciencia esté bajo y no te hayas dado cuenta de muchas cosas que te están afectando y no te dejan progresar.

Elevar tu nivel de consciencia te va a ayudar a que, cuando empieces el proceso de cambio para mandar tu empleo al carajo, éste sea consistente y no desistas a mitad de camino.

Te doy la bienvenida a la Parte 1:
Adquiriendo Consciencia

1. ¿Qué prefieres, tener la razón o ser feliz?

La Queja Disfrazada de Búsqueda de Justicia

Cuando vivimos en un ambiente cargado de negatividad y pesimismo debido a nuestro empleo, nos volvemos supremamente escépticos y desconfiados. Prácticamente nada más que la justicia puede calmar nuestro tormento. Si mi jefe es tan malo, quiero que lo echen, es lo que se merece por ser tan mal trabajador y tan mala persona. Solo el día que lo echen, seré feliz. ¿has dicho pensado algo así alguna vez? Pues yo te digo, ¡tienes razón! Si tu jefe fuera un líder, un mentor, un modelo a seguir, seguramente no hablarías así de él. Si te quejas de tu empresa, es porque sientes que te ha fallado en algunas cosas. Te doy la razón. Si alegas porque a ti te ponen mucho trabajo porque saben que tu si respondes mientras al perezoso le quitan trabajo porque pobrecito(a) no puede con tanto, ¡¡¡TIENES RAZÓN!!!, Yo también alegaba por lo mismo.

En el mundo laboral se premia al vago, al perezoso, al lamesuelas poniéndoles menos trabajo y al responsable, al rápido, al que cumple, terminan agobiándolo con tantas tareas y con un sueldo menor que a los otros ¡¡¡ES INJUSTO!!!. Si alguien no sirve pues que lo echen y más bien me den ese sueldo a mí que si rindo, antes me motivan. En todo esto y en cualquier queja que tengas como empleado estoy seguro que tienes la razón, sin conocerte te digo que la tienes. Nadie comienza a alegar por gusto. Algo nos tienen que hacer primero para reclamar justicia.

Te lo repito una vez más, tienes razón. El problema es: ¿de qué te ha servido tener razón? ¿De qué te ha servido comprobar una y otra vez que tu jefe no puede ser más mala gente o más bruto por falta de vitaminas? ¿De qué te ha servido saber que el perezoso vive más relajado con menos trabajo y más sueldo, mientras tú, el responsable, vives arropado de la mierda con mucho trabajo y con menor sueldo? Si te identificaste con el título del libro y quieres mandar tu empleo al carajo, déjame decirte que tener la razón no te ha servido para nada realmente.

¡Ah! que es que tú alegando te desahogas un poco de tanta frustración del día a día. Ok puedo entenderlo y sé de qué hablas. Yo tenía mi grupo de compañeros de trabajo con los que compartía las injusticias y nos fascinaba sentarnos a alegar de nuestros trabajos y sobre todo de nuestro jefe. Es cierto, uno se desahoga, lo malo es que es solo momentáneo.

¡Ah! entonces ahora pensarás que te voy a decir que dejes de alegar y empieces a pensar en positivo y a volverte el mejor amiguis de tu jefe. ¡NOOOOO!, suerte con tu jefe, para que te vas a hacer amigo de esa P.Q.E.K, nada de eso. Aquí estamos es para mandar tu frustrante empleo al carajo. Lo que sí te quiero decir es que alegar no te va a sacar de ese empleo así tengas absolutamente toda la razón. Alegar simplemente no funciona. Por el contrario, te vuelves adicto a alegar y eso solo hace que inconscientemente desees ir a tu empleo todos los días, para tener tu dosis de motivos para alegar. ¿Paradójico no? Detestas tu empleo, pero no puedes vivir sin él.

¿No crees lo que te digo? Recuerda que te dije que muchos conceptos no te iban a gustar. No dejes que tu pesimismo tome el control. Yo sé que estoy atacando a tu ego que cree que alegando conseguirá la justicia que deseas. Créeme, no la conseguirás. ¿Recuerdas a mi jefe patán de mi segundo empleo?

El señor no sabía nada de proyectos. En la salida en vivo de los proyectos era tanto su estrés de que toda la empresa descubriera que él era un incompetente que se emborrachaba solo en su cuarto de hotel y nos llamaba por teléfono a los analistas a la madrugada, ebrio totalmente, a decirnos que no lo fuéramos a dejar morir con los proyectos. ¿Qué tal el modelo a seguir que me tocó? Ah olvidé mencionar que el alcohol que consumía lo pasaba como viáticos. Pues luego de todo lo que alegué hace ya más de 1 década, el señor sigue siendo jefe de sistemas y no lo han echado, de hecho, debe tener un super sueldo 10 años después. Es decir, si yo no hubiera renunciado a ese empleo aún estaría alegando y ese señor seguiría siendo mi jefe.

Si no tomas acción y prefieres seguir alegando, nunca saldrás de ese hueco. La vida no es justa ni injusta, no sigue nuestras reglas. Deja de alegar buscando justicia por creer que tienes la razón, porque no la encontrarás. Quieres de todas maneras alegar para desahogarte, perfecto, pero invierte más tiempo en salir del pozo que en hundirte más en él.

Ahora hazte la pregunta: ¿Qué prefiero, tener razón o ser feliz? Por más que intentes resistirte, sabes que la felicidad es más importante y más grande que tener razón. Si te ofrecieran 10 millones de dólares por renunciar a tu empleo ya mismo, me vas a decir que los rechazarías porque tu propósito en la vida es ver el día que echen a tu jefe. Suerte con esa P.Q.E.K, yo tomo los 10 millones y lo que pase con ese zoquete me vale madres. ¿Eso que nos dice? Que tu propósito no es ver que echen a tu jefe o que tu empresa le vaya mal o que finalmente se haga justicia. Tú lo que realmente buscas es una salida de esa situación, no más. Que muy chévere ver que echaran a tu jefe como él o la miserable que es, si, no te voy a negar que sería una satisfacción, pero, ¿estás dispuesto a perder más días de tu vida esperando por algo que quizás nunca pase? ¿vale la pena? Créeme, no la vale. Es poco probable que las cosas pasen como quieres y muy probable que empeoren.

> ## *Si no tomas acción y prefieres seguir alegando, nunca saldrás de ese hueco.*

Ahora, ¿por qué buscas la salida? Sencillo, inconscientemente buscamos todos lo mismo, ser felices. Pero no sabemos qué es la felicidad, entonces la buscamos por descarte, es decir, intentamos alejarnos de los que nos hace infelices. Y aquí se genera un gran conflicto interno del que no nos percatamos. Queremos alejarnos de nuestro empleo porque nos hace infelices, pero nos hemos acostumbrado tanto a él que se volvió nuestra zona de confort (que de confort no tiene nada), nuestra zona conocida, el lugar donde nuestro ego se siente seguro. Al ego le gusta lo seguro, y no le interesa si te hace feliz o infeliz. Aunque no lo creas, el levantarte maldiciendo por tener que ir a trabajar, el ver injusticias por todo lado en tu ambiente laboral, el alegar por tu situación y por las "ideas geniales" de tu jefe que solo traen más problemas y ninguna solución; todo eso es tu zona conocida, la dominas así la odies. Tú ya sabes cómo actuar, cuando ser hipócrita, cuando alegar, cuando reír falsamente, dominas cada aspecto de la situación. Tu ego ya es el amo y señor allí y no quiere que te arriesgues a cambiar tu zona conocida, por eso te hace caer en la trampa de la adicción a la queja disfrazada de búsqueda glorificada de justicia.

¿Has notado que cada vez que has tenido ganas de renunciar a tu empleo, mágicamente aparece un miedo que no te ha dejado cumplir tu deseo? ¿Y si renuncio ahora, de donde voy a sacar dinero para pagar mis deudas? ¿Y qué tal que renuncie y no consiga otro empleo rápido? Con la situación de este país, seguro

que si renuncio me irá mal, etc., etc., etc. Esto no es casualidad, es solo tu ego generando miedos para defenderse de ti, que lo quieres sacar de la zona conocida.

Ahora que ya sabes todo esto y empiezas a digerirlo aparece en ti una consciencia que antes no tenías. Ya hay otra forma de ver las cosas. Ya sabes porque es que alegas tanto, ya sabes que tu cruzada por la justicia no vale la pena y ya puedes identificar un poco más las acciones de tu ego.

Ejercicio del Capítulo 1: Ver para creer

1. Muchos no creemos hasta que vemos las fallas de frente. Por 1 día solamente, un día laboral, toma tu cuaderno de trabajo y cada vez que te quejes por algo o te sientas pesimista o negativo, o cualquier situación que te saqué de control, anota el sentimiento que apareció. Ejemplo: Ira, rabia, desesperanza, enojo, pereza. También anota al lado de cada sentimiento si fuiste capaz de identificar la acción de tu ego en el instante que apareció dicha emoción. Sí, ya sé que vives tan estresado en tu trabajo que no te vas a acordar de registrar las emociones en el cuaderno, pero inténtalo, no importa si se te olvidan algunas o si anotas otras cuando te acuerdes. El objetivo es que veas al final del día todos los sentimientos negativos que generas debido a tu trabajo. Créeme van a ser muchos, pero nunca los habías contado, no eras consciente de ellos, pero ahora sí.

Resumen del Capítulo 1

- Alegar solo sirve temporalmente para desahogarte, pero nunca te va a ayudar a salir realmente del problema.

- Entre más razón creas tener, más adicto te puedes estar volviendo a alegar.

- El alegar es la acción que genera tu ego para entretenerte y que no pienses en cambiar y abandonar la zona conocida donde tu ego se siente seguro porque la domina.

- Es importante que realices el ejercicio del capítulo, pues ver plasmada en un papel la cantidad de emociones negativas que generas al día, ayuda a que adquieras consciencia más rápido.

Adelante, continuemos.

2. ¿Todo lo malo que nos pasa es culpa de los demás?

La Externalización de la Culpa y la Voluntad de Cambio

Ahora que sabemos que alegar nos puede servir para solo desahogarnos temporalmente pero que realmente no llegaremos a ningún lado con esa adicción, hemos abierto un poco más la mente para aceptar otro concepto que va directo al corazón de nuestro ego: Esto que te está pasando en tu empleo, solamente te pasa porque tú decides que te pase. O en palabras menos bonitas, la culpa es tuya y de nadie más.

Ya te imagino diciendo: *"Pero cómo va a ser mi culpa, si es mi jefe el que es una mala persona que abusa de todos los empleados a su cargo; es la empresa la que me tiene con un salario que no compensa mi esfuerzo; es este empleo horrible donde no hay oportunidades de crecimiento y cada día solo vivo la misma rutina llena de problemas que no deberían pasar; etc. etc."*. No te preocupes, yo dije exactamente lo mismo cuando me enfrenté a la idea de que la culpa de lo que me pasaba era mía. Es una reacción normal. Pero, no te enojes aun, yo vuelvo a darte la razón. Tu jefe debe ser una porquería, estoy seguro que mereces un mejor salario, te creo cuando te da rabia por tanta injusticia que pasan en tu empleo. Nunca diré que no tienes razón, yo estoy de tu lado. Solamente que, al igual que alegar no te ayuda a salir del hueco, culpar a otros tampoco lo hace y por el contrario te mantiene allí.

En un ambiente laboral tan tóxico, como el que te presenta un empleo frustrante, es muy fácil ver culpables por todo lado. Es más, tu desde hace rato has planteado soluciones en tu mente. Seguramente has pensado cosas como que estás cansado de aprender solo lo que no se debe hacer con los empleados, que si echaran a tu jefe y contrataran a un líder que enseñe como si se debe gestionar un área, todo sería mejor. O como sería de maravillosa una empresa donde a la gente le paguen por lo que sabe y por sus aportes y no por su nivel de lamesuelas o por ser lambón. Tú y tus compañeros de lucha seguramente habrán arreglado la empresa y hasta el país en un par de almuerzos.

Todo eso está muy bien, soñar no cuesta nada como dicen, pero, ¿alguna vez has llevado tus ideas a recursos humanos? ¿Has recomendado a alguna persona que pueda ser ese líder que la empresa necesita? ¿Has hecho alguna propuesta de cómo la empresa podría reconocer el esfuerzo de los buenos trabajadores con un sistema de méritos o recompensas? Tal vez sí y no te hicieron caso o seguramente no y tus ideas se quedan solo en tu cabeza o en tu grupo de lucha. Obviamente no es fácil ir a recursos humanos a decir que echen a tu jefe solo porque lo consideras un homúnculo (seudo-humano) que no sirve para nada. Temes que te despidan a ti y quedarte sin tu salario para cubrir tus obligaciones.

¿Entonces qué hacer? Para de buscar culpables afuera y empieza a mirar hacia dentro de ti mismo. Si analizaste un poco en la introducción del libro mi historia laboral, notarás que en cada uno de mis empleos me pasó más o menos lo mismo. Llegaba con mucho entusiasmo, lograba destacar por la calidad de mi trabajo e ideas de mejora, me felicitaban con palmaditas en la espalda, no me aumentaban el salario, yo veía cómo trabajaba más que otros, pero ganaba menos, sentía que abusaban de mí, culpaba a todo el mundo por mi situación, encontraba otro empleo y renunciaba. Repetí ese ciclo en cada empleo distinto, con jefes distintos y en empresas diferentes.

No te parece que ese ciclo es similar a uno muy común que viven algunas relaciones amorosas donde una persona es golpeada y maltratada por su pareja, esa persona abandona a su pareja y luego va y se consigue otra pareja que también le pega y la maltrata. No me refiero al tema del maltrato en sí, sino al patrón de comportamiento. Volver a lo conocido así lo conocido sea nocivo. Es fácil ver patrones de comportamiento de los demás, pero difícil ver los nuestros. Yo casi no logro ver lo que me pasaba con mis empleos. Si tu no has tenido varios empleos sino uno solo, es lo mismo. Pregúntate por qué cada día o cada mes o cada año te pasa siempre lo mismo. Y no solo me refiero solo a cosas malas, sino a cualquier patrón repetitivo; por ejemplo, que por el contrario tu jefe te reconozca tus habilidades, pero tú vives con una inseguridad constante y no te crees capaz de hacer bien tu trabajo. Si siempre te pasa lo mismo, es porque has creado un patrón.

Solo en el momento en que me hice esta pregunta, fue que empecé a cambiar: "¿será que la culpa no es solo de mi jefe y de la empresa, sino que yo también tengo algo de culpa? La magia de la pregunta no es otra que hacerte mirar hacia dentro. ¿Qué descubrí yo al mirar hacia dentro? Que lo que quería era atención de los demás, simplemente eso.

Esa necesidad de atención hacía que yo siempre llegara a cada empleo a destacar como fuera, y terminaba creando la expectativa que a mí me fascinaba trabajar mucho y proponer ideas sin importarme el dinero, por eso nunca me hacían aumentos. Pero a mi si me importaba el dinero y mucho. El dinero en esa época representaba para mí el nivel de reconocimiento que los demás tenían por la calidad de mi trabajo y si me pagaban poco, para mi significaba que mi trabajo y por ende yo mismo no valía nada.

Mi problema era que me daba miedo hablar con mi jefe y pedir un aumento de sueldo o al menos dejarle claro que yo trabajaba también esperando recibir una buena remuneración económica y que ya no me sentía satisfecho con mi salario actual versus la calidad del trabajo que entregaba. Pero nunca se lo dije, nunca lo aclaré, por miedo a afectar mi estabilidad laboral. Eso hizo que me sintiera frustrado e infravalorado. Entonces para llamar más la atención, me volvía un líder negativo y formaba parte de un ejército de inconformistas para que me apoyaran en una lucha silenciosa y sin acción alguna contra el jefe o la empresa. Es decir, buscaba todavía más atención a través del papel de víctima. En el trabajo tenía personas (mi grupo de lucha) que me ponían atención y compartían mi sufrimiento. Llegaba a casa a contarle mis desgracias a mi esposa y ella me ponía atención. Salía con mis amigos del colegio y era para contarles historias de mi horrible empleo. Es decir, buscaba atención de todo el mundo. ¿Tenía yo culpa en las situaciones que creaba dentro de mi ambiente laboral? Claro que sí, solo que mi ego me ayudaba a poner esa culpa en los demás, a externalizarla para evitar que yo mirara hacia mi interior. Mis jefes podían ser todo lo mala gente que quisieras, y créeme, la mayoría lo eran, pero yo también tenía culpa en el asunto.

Trata de mirar hacia tu interior y encontrar porque te pasa lo que te está pasando. Tal vez sufres de más en tu empleo porque tienes una necesidad de hacer todo perfecto y te molesta que los demás no lo hagan, entonces terminas diciendo "venga yo mejor hago eso" y recargándote de tareas. O tal vez tienes necesidad de encajar creando vínculos emocionales y sufres porque en tu empresa no les importa la gente. Quizás como yo, buscas atención y reconocimiento. O tienes una necesidad enorme de compararte con los demás y por eso sufres cuando alguien gana más que tú o avanza más que tú. Tal vez eres muy intelectual y clasificas duramente a las personas entre inteligentes y brutos y tu jefe cae en la segunda categoría y por eso no le respetas. Que tal que tengas tanto miedo que buscas lealtad en un grupo pequeño de personas y han convertido al jefe en un enemigo común para mantenerse unidos. O si eres de los que quiere vivir una vida feliz y sin preocupaciones, pero tu ambiente laboral es demasiado rígido. A lo mejor crees que la vida se divide entre fuertes y débiles y si no eres fuerte te van a pisotear. O no te gusta el conflicto y terminas aceptando el punto de vista de los demás así no estés de acuerdo.

Como ves, mirar hacia dentro es muy útil porque encuentras las raíces de tu descontento con el trabajo. Para de culpar a otros y date la oportunidad de conocerte. Cuando miras hacia dentro, te vuelves consciente de cosas que están mal en ti y como son tuyas, te apersonas en buscarles solución. Para lo externo tú no te apersonas de buscar solución; es más fácil para ti alegar y quejarte

Pero, si los demás son malas personas, ¿Por qué va a ser mi culpa?

No es tu culpa que tu jefe sea una basura; no es tu culpa que la empresa pague malos salarios; no es tu culpa que al perezoso le vaya mejor que al responsable, ¡NO ES TU CULPA! Lo que sí es nuestra culpa es habernos dejado absorber tanto por ese empleo frustrante y haber dejado que nuestra vida pasará en automático y decidiera en automático por nosotros, sin nosotros tomar el mando desde tiempo atrás.

Si hubiéramos tomado el mando de nuestra vida, desde que descubrimos que ese empleo no era para nosotros, hubiéramos tomado acción para mandarlo al carajo. Pongo mi caso como ejemplo: Yo estuve casi 5 años en mi último horrible empleo y desde el primer año ya lo odiaba. Desde ese momento yo hubiera podido ahorrar el equivalente a 6 meses de mi salario para poder renunciar y tener dinero para vivir mientras conseguía otro empleo. O los fines de semana dedicarme a estudiar cómo hacer dinero por internet para tener una segunda fuente de ingresos y no depender económicamente de ese empleo. Pero no, en vez de apersonarme del problema, decidí que la vida me llevara a donde quisiera mientras me dedicabas a alegar, a culpar a todo el mundo y a utilizar mis fines de semana en gastarme el dinero en cosas que no necesitaba solo porque momentáneamente cubrían mi frustración con un frágil manto de satisfacción. Si te has sentido identificado, no te preocupes, vamos a trabajar en solucionar esto, para que puedas vivir una vida próspera y sobre todo feliz.

¿Ves como si tenemos culpa en la situación? Yo sé, es duro aceptarlo. Tu ego está viendo cómo empiezas a adquirir consciencia, sabe que, si te vuelves consciente, vas a querer cambiar y eso implica salir de su zona conocida y perder el control. Tu ego te empezará a decir cosas como "no podemos dejar que el/la jefe gane, tenemos que hacerle la vida imposible así sea en silencio", "Yo no soy rico, yo tengo que trabajar en esto para poder sobrevivir, no hay de otra". O la clásica "si me mato tanto trabajando, merezco gastarme mi dinero como yo quiera".

No escuches a tu ego ahora. A pesar de lo que mucha gente en occidente cree, el ego no es nuestro enemigo, lo hemos satanizado. El ego cumple una función muy importante: Protegernos. El problema es que si lo dejamos en automático y no estamos pendiente de lo que él hace, se toma su función demasiado a pecho y podría perjudicarnos; estaríamos super seguros, pero probablemente no seríamos felices. En su función de protegernos de lo desconocido, tu ego te dirá cualquier cosa para que sigas en la zona conocida. Recuerda que al ego no le interesa si la zona conocida es buena o mala para ti, al ego solo le interesa la seguridad que genera el dominar la zona conocida.

Nada cambia si tú no Cambias.

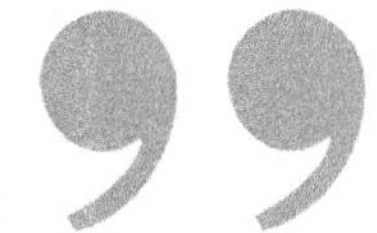

Muy bien, has hecho un excelente esfuerzo hasta ahora. Yo sé que no es fácil, sobre todo porque lo que hemos aprendido golpea bastante fuerte a nuestro ego, pero es parte del cambio y un proceso necesario para adquirir consciencia. Aprende a aceptar que tú tienes culpa en lo que te pasa y decide tomar en control de tu vida en pro del cambio que deseas. **Nada cambia si tú no cambias.** Al externalizar la culpa te restas poder a ti mismo, te desentiendes del mando de tu propia vida, porque no puedes controlar lo que los demás hacen. Al interiorizar y

descubrir lo que está mal en ti, te apersonas de ti mismo, empiezas a controlar lo que tú mismo haces y generas voluntad de corregir las fallas incluso teniendo que asumir algunos riesgos.

Ejercicio del capítulo 2: Conoce tu necesidad

1. Dedícate un momento a solas a pensar qué es lo que persigues en este momento en la vida, cuál es esa necesidad emocional que tienes que satisfacer. Si dices que tu necesidad es el dinero o un carro o cualquier bien material, no es lo que buscamos con este ejercicio. Pregúntate entonces ¿para qué quieres dinero? Tal vez lo que estás buscando es admiración de los demás o respeto o poder. O si quieres trabajar en una fundación, quizás tu necesidad sea la de ayudar a otros buscando aceptación. Te puedes basar en estas nueve necesidades del ser humano:

   - Necesidad de controlar todo
   - Necesidad de que lo necesiten los demás
   - Necesidad de que lo admiren y reconozcan
   - Necesidad de que lo valoren
   - Necesidad de entender su entorno
   - Necesidad de seguridad
   - Necesidad de placer
   - Necesidad de poder
   - Necesidad de estar

   En tu cuaderno de trabajo, escribe 1 página mínimo de cuál es tu necesidad (solo una necesidad) y cómo crees que por satisfacer dicha necesidad has vuelto tu horrible empleo en una pesadilla todavía peor. No te preocupes que al final del libro no te voy a salir con que tu empleo era una maravilla y que tú lo habías vuelto un infierno y ahora debes aprender a amarlo. Nada de eso, vamos a aprender el camino para mandar ese empleo al carajo.

2. Ver el video "El Desarrollo de la Conciencia" de Roberto Pérez que está gratis en YouTube. Lo puedes buscar por el

nombre o aquí te dejo el enlace: www.youtube.com/watch?v=CJ-Dtr9u5-o . Te lo advierto, es un video largo, has de cuenta que te preparas para ver una película en Netflix, reserva el espacio y te aseguro que lo vas a disfrutar porque será muy revelador. Date la oportunidad de verlo, de abrir tu mente a estos conocimientos nuevos. El tiempo se te pasará volando.

Resumen del Capítulo 2

- Culpar a otros de nuestra desgracia es solo un mecanismo de nuestro ego para que no te apersones de tu propia vida y no decidas salir de tu zona conocida donde el ego se siente seguro.

- Cuando miras hacia dentro, te vuelves consciente de cosas que están mal en ti y como son tuyas, te apersonas en buscarles solución. El cambio inicia por uno mismo.

- El no haber tomado el mando de tu vida y haberla vivido en automático es lo que te hace culpable de todo lo que no te gusta.

- Poner la culpa en el exterior es la excusa para liberarte de la responsabilidad de tomar decisiones porque te quedas esperando que la solución venga de afuera.

- Nada cambia si tú no cambias.

- Externalizar la culpa te resta poder porque no puedes controlar lo que los demás hacen. Interiorizar te apersona del cambio que quieres en tu vida y generas la voluntad de asumir riesgos.

3. ¿Qué te haría más infeliz que tu empleo frustrante?

Creando un Miedo más grande que mandar tu empleo al carajo

Déjame felicitarte por tu excelente trabajo hasta ahora. Ya hemos entendido que alegar y externalizar la culpa solo le dan a nuestro ego más comodidad en la zona conocida, pero a nosotros no nos conducirán nunca hacia el cambio que queremos. Has adquirido un grado más de consciencia sobre tu situación y te has conocido un poco más. Pero, aunque adquirir consciencia es uno de los pasos más importantes en todo proceso de cambio, no es ni el último ni solo con consciencia lograremos el cambio que queremos en nuestras vidas, debemos actuar. Sin acción, no se produce nada.

Nuestro ego, que se siente muy cómodo y seguro en la zona conocida y no le importa cuán feliz o infeliz seas en ella, tiene una serie de cartas que va jugando contra nosotros cada vez que buscamos un cambio. Inicia con la carta del alegato y la queja para distraerte de tu "absurda idea" de cambiar. Si sigues de terco queriendo cambiar, juega la carga de la externalización de la culpa y nos hace creer que la vida está en nuestra contra, que todo lo malo que nos pasa es un castigo y que todo el mundo es culpable menos nosotros mismos; así nos quita el poder de asumir la responsabilidad de nuestra propia vida. Pero si sigues terco y ya eres consciente de que alegar y culpar a otros no te lleva al cambio, el ego jugará una carta más poderosa: El Miedo.

El miedo es inherente a la condición humana, es decir, siempre ha estado y estará con nosotros. El secreto en la vida no es eliminar los miedos, no es posible eliminarlos del todo, el secreto está en aprender a reconocerlos y gobernarlos. Existe una frase perfecta para esto: *"El hombre sabio no es aquel que sabe más, sino aquel que aprende a disfrutar la vida. La sabiduría no es saber, es sabor. Los miedos no nos dejan disfrutar la vida."*

Puede que estés pensando que esto suena muy bonito y todo, pero si mandas al carajo a tu horrible empleo de qué vas a vivir. De dónde vas a sacar dinero para sostener a tu familia, pagar tus obligaciones, comer, darte gustos, etc. Tu ego genera el miedo como mecanismo de defensa ante tu nueva consciencia de la situación. Te entiendo perfectamente, yo me hacía las mismas preguntas. Ya era un poco más consciente de mi situación, pero con eso no me bastaba, igual seguía dependiendo de mi salario para vivir.

Lo contrario al miedo y que puede ganarle, es el amor. Otra vez, muy bonitas palabras, pero como las aplica uno en su vida y en una situación donde detestas tu empleo, pero depende de él para vivir. No es fácil. En teoría el amor por uno mismo basado en una gran autoestima más algo de desapego, debería ser suficiente para reducir al mínimo mi miedo a perder mi salario; pero precisamente estamos en un empleo horrible porque creemos que no valemos lo suficiente como para que al renunciar ya nos estén ofreciendo otro empleo mejor. Entonces palabras bonitas de libros y frases, por muy ciertas que sean, poco nos ayudan en este momento.

Utilicemos entonces una técnica mucho más práctica y al alcance de todos. Yo inconscientemente la utilicé sin conocerla y fue la que me ayudó a renunciar a mi horrible empleo incluso sin tener otro empleo esperando por mí. Luego tuve la oportunidad que el reconocido Jurgen Klaric me explicara el fundamento de la técnica y fue mucho más claro saber por qué funciona tan bien.

Para vencer un miedo, debes crear un miedo incluso más grande que el que quieres vencer. ¿ah? Así como lo lees. El truco práctico para vencer (reducir) un miedo es temerle más a otra cosa hasta que te deje de importar el miedo original. Este miedo que nos vamos a inventar no será un problema porque nosotros lo controlamos, le tememos, pero ese temor en vez de paralizarnos como lo hace el miedo original, nos va a impulsar, va a ser nuestro combustible para tomar acción.

Te doy como ejemplo mi caso. Mi miedo original era renunciar a mi empleo y ya no tener dinero para cubrir mis obligaciones. Todos los días yo maldecía por obligarme a mí mismo a ir a ese lugar, alegaba, externalizaba culpas, pero ese miedo a no tener un salario para mantenerme nunca me dejaba tomar la responsabilidad de mi vida y emprender acciones concretas para mandar ese empleo al carajo. Un día, viendo que mi jefe, por más malo e incompetente que fuera, no lo echaban y antes lo premiaban, me sentí muy derrotado y empecé a proyectar mi vida en esa empresa. Yo decía: Bueno mi jefe debe tener unos 45 años o sea que le faltan 20 años para pensionarse (ya daba por hecho que nunca lo iban a echar). Cuando por fin se pensione, yo tendré 50 años. Tenía compañeros que llevaban más tiempo en la empresa y probablemente les dieran el cargo de jefe a 6 personas antes que a mí. No pintaba nada bien mi futuro en mi propia cabeza. Luego me puse a mirar alrededor, a mis compañeros que llevaban mucho más tiempo en la empresa, algunos más de 20 años de su vida allí, debajo de ese jefe. Ellos, al igual que yo, lo odiaban, alegaban, se quejaban, pero ya llevaban 10, 15, 20 años bajo su mando. Todo esto reforzaba la visión futura pesimista de mi vida en ese empleo.

Con este análisis vino una pregunta clave: ¿De verdad yo me voy a aguantar a mi odiado jefe hasta que cumpla 50? ¿Para qué? Para que luego llegue otro u otra peor. ¿Esta va a ser mi vida? 20 años maldiciendo cada día por tener que venir a este empleo. ¡¡¡¡NO PUEDE SER!!!!. Empecé entonces a ver a mis compañeros de trabajo más antiguos como espejos en los que se reflejaba mi vida. Había un señor ya casi por pensionarse que con toda su trayectoria en la empresa (más de 25 años), nunca le hicieron un ascenso. Siempre fue analista. Yo no quería eso en mi vida, yo quería ascender, buscaba reconocimiento en aquel entonces. Otra persona odiaba tanto al jefe, pero tenía tanto miedo de renunciar que, cuando tuvo su bebé, encontró la excusa perfecta para someterse a ese empleo frustrante y callar sus ganas de salir de allí. Yo menos quería eso, un hijo que me atara a este empleo ¡jamás! No podía vivir ni conmigo mismo, ahora ponerme a tener hijos. A otro, el jefe todos los días lo gritaba, lo trataba mal, trapeaba el piso con él y él seguía lamiéndole las suelas de los zapatos.

Así fue como empecé a imaginarme mi vida en el espejo de mis compañeros de trabajo que llevaban muchos más años alegando y quejándose pero que igual seguían en ese empleo que no les gustaba. Esto no fue algo de una tarde. Fueron muchos días. Pero ya en vez de levantarme a maldecir el día, inconscientemente me empecé a levantar imaginando cómo sería mi vida si yo no renunciaba, teniendo a las vidas de mis compañeros como espejos. Haciendo ese ejercicio todos los días (sin saberlo) fui creando un miedo nuevo: miedo a desperdiciar mi vida al mando de ese jefe que odiaba; miedo a convertirme en mis compañeros de trabajo que yo mismo criticaba de conformistas; miedo a que mi vida no tuviera ningún sentido ni propósito más que ese empleo; miedo a que mi esposa se cansara de mí y me abandonara por haberme convertido en una persona tóxica; miedo a no tener tiempo ni buena actitud para disfrutar mi vida con mi familia y finalmente, miedo a llegar a viejo y decir que no hice nada bueno con mi vida, no la disfruté por estar en ese empleo que odiaba.

Mi nuevo miedo cobijaba muchas cosas y era fácil verlo materializado en las vidas de mis compañeros de trabajo. Esto hizo que yo empezara otra vez inconscientemente a tomar algunas pequeñas acciones diferentes a alegar y repartir culpas. Una amiga me recomendó escuchar el famoso libro Padre Rico Padre Pobre de Robert Kiyosaki como audiolibro. Yo conocía el libro y como hablaba de riqueza y gente rica, nunca me interesé en leerlo pensando que eso de ser rico no era para mí. Es más, vivía de forma tan negativa en mi empleo, que había descuidado la lectura, no me leía ni 1 libro al año, había dejado de estudiar y estaba resignado a estar en ese empleo. Pero gracias al nuevo miedo que había creado, mi mente estaba mucho más receptiva y empecé el audiolibro. Básicamente la magia de ese libro es que cuando detestas tu empleo, es como si describiera tu vida. Te

da todas las razones de por qué no tener un empleo. A mí me llegó al alma, fue un despertar. Este fue solo mi ejemplo, no es que te tengas que leer ese libro si no quieres (aunque si lo recomiendo), allí no te van a enseñar cómo renunciar. Mi punto es que un miedo creado por ti, empieza a disponer tu mente a nuevas posibilidades. Leer un libro, estudiar algo nuevo, encontrar un hobby, lo que sea.

El miedo original (en mi caso el miedo a quedarme sin dinero y no poder cubrir mis deudas) te paraliza, te frena, te deja inmóvil, y ante esto solo te queda alegar, quejarte y culpar a otros. El nuevo miedo creado por ti mismo, no te paraliza, ¡¡¡TE IMPULSA!!!. Yo tenía tanto miedo de convertirme en los compañeros de trabajo que criticaba de conformistas, que empecé a emprender acciones diferentes a las de ellos en pro de alejarme del camino que ellos habían recorrido. Este nuevo miedo lo fui alimentando todos los días; entre más pequeñas acciones emprendía y descubría cosas nuevas, menos quería llegar a ser como mis compañeros de trabajo y entre menos quería ser como ellos, más ganas tenía de emprender acciones que me alejaran de ellos. Se volvió un ciclo benigno de generar combustible a través del nuevo miedo y emprender acciones para volver a generar más combustible. El nuevo miedo inventado hace que empieces a crear un ambiente que facilita el cambio a través de pequeñas acciones, ese es su poder.

> ## El miedo original te paraliza.
> ## El miedo inventado
> ## ¡¡TE IMPULSA!!

Luego de emprender varias acciones positivas, mi confianza y mi consciencia crecieron mucho, mi nuevo miedo se volvió más grande que el miedo a quedarme sin salario, y allí es cuando tomé la decisión de mandar mi empleo al carajo.

Una acción que puedes hacer desde ya es leer este libro en cualquier tiempo libre que tengas y si es tiempo libre dentro de tu empleo mejor para irte desconectando de la queja y la repartición de culpas. Empieza a aplicar tanto los ejercicios de los primeros capítulos como los pasos que veremos en los capítulos siguientes. Incluso ya hay tecnologías que pueden leerte en voz alta los libros digitales, así que, si vas en taxi, autobús o en el transporte de la empresa, en vez de ir escuchando música, o las "alentadoras" noticias de tu país o tus pensamientos cargados de negatividad hacia tu empleo, puedes escuchar este libro u cualquier otro sobre un tema que te interese pero que te ayude a crecer personalmente. Evita novelas y ficción, eso no te ayuda por ahora. Si gastas 30 minutos yendo y 30 minutos viniendo del trabajo, sería 1 hora de audiolibro. Te vuelves supremamente eficiente. "Leerías" un libro completo en una semana. Puedes comprar el libro digital o físico y luego buscar el audiolibro en alguna red social como YouTube que seguramente aparecerá para escucharlo. Incluso Amazon tiene un servicio llamado Audible que es como un Netflix de audiolibros y hay muchos.

Si aún piensas que no puede ser tan fácil como inventar un miedo más grande y ya, tienes razón, no lo es. Nunca dije que fuera fácil, dije que era práctico. De hecho, no es difícil crear el miedo inventado, lo realmente difícil es cuando tu miedo inventado ya supera al miedo original y llega el momento de tomar la decisión. De hecho, cuando mi miedo inventado empezaba a superar mi miedo original, aplacé la fecha de mandar mi empleo al carajo dos veces. Pero me sirvieron para reforzar mi miedo inventado y tomar la decisión de que ya no habría un tercer aplazamiento de fecha. Finalmente, cuando hablé con mi jefe, tenía miedo, el miedo nunca desaparece, pero ya era menor y simplemente seguí adelante.

Ahora ya sabes el truco para reducir cualquier miedo que tengas. Empieza a aplicarlo lo antes posible. Recuerda que el nuevo miedo hay que cultivarlo diariamente, tu mente no creerá en él de la noche a la mañana. Entre más rápido empieces, más rápido ese nuevo miedo se volverá más grande que tu miedo original y podrás tomar la decisión de mandar tu empleo al carajo.

Ejercicio del capítulo 3: Creando un nuevo miedo a nuestro favor

1. En tu cuaderno de trabajo, piensa por un momento cómo será tu vida dentro de 1, 5, 10 y 20 años si sigues en ese empleo (ni te van a echar a ti, ni van a echar a tu jefe ni a nadie y todo seguirá igual o peor como es ahora). ¿Cómo te sientes a medida que pasa el tiempo y sigues en ese empleo horrible? Imagina ahora cómo se siente tu familia. Quizás en el corto plazo te apoyan, pero ¿qué pasa si se aburren de ti por tu depresión y mal humor? ¿Dentro de 20 años aún tu pareja sigue a tu lado? ¿Tus hijos te hablan? Imagina el peor escenario posible si continuas en ese empleo por 20 años. Escribe todo con detalle, ponle sentimiento, tienes la posibilidad de ser todo lo pesimista que quieras en este ejercicio, y cuando hayas terminado léelo para ti mismo. Esa será tu vida si no empiezas a hacerte cargo de ella.

2. Escribe cuál es tu miedo original que no te deja mandar tu empleo al carajo. Es como en mi caso, miedo a no tener dinero. Quizás temes decepcionar a algún familiar que te consiguió ese empleo. Tal vez temes que, si no puedes superar esto, no serás lo suficientemente bueno y te juzgarán. ¿Cuál es el miedo que te tiene atado a ese empleo frustrante? Identifícalo. Si crees que son varios, haz una lista y ordénalos del miedo más fuerte al menos fuerte.

3. Describe en el cuaderno cuál podría ser tu miedo inventado para contrarrestar el miedo a mandar tu empleo al carajo. Del punto 1 puedes obtenerlo fácilmente. Piensa además cómo podrás alimentar el nuevo miedo inventado constantemente. Recuerda que el objetivo es que el nuevo

miedo inventado se vuelva mayor el miedo de mandar tu empleo al carajo.

Ejemplo:
Escribiste que si sigues en ese empleo tu vida será triste, tu hija ya no te habla porque nunca tenías tiempo para ella y te perdiste sus momentos más importantes. Y tú miedo original es que, si mandas tu empleo al carajo, no tendrás con qué sostener a tu familia ni darle lo mejor a tu hija. Tu miedo inventado puede ser precisamente el perderte tantos momentos especiales de la vida de tu hija que te conviertas en un extraño para ella. Y lo puedes alimentar si cuando sales a trabajar no puedes ni despedirte de tu hija porque aún está dormida y cuando regresas del trabajo ya ella está dormida otra vez. O pídele a tu hija que te escriba una carta de cómo ella se siente cuando te ve alegar y de mal humor en casa por tu empleo. Lee esa carta todos los días. Mejor motivación no vas a tener.

Resumen del capítulo 3

- El miedo es la carta que juega el ego para paralizarnos y evitar que intentemos salir de la zona conocida o zona de confort.

- La forma práctica de reducir un miedo, es inventando otro más grande al cual nuestra mente le ponga más atención y se olvide del miedo original.

- El miedo original de mandar nuestro empleo al carajo nos paraliza, nos frena y nos devolverá finalmente a la queja y a externalizar la culpa si no hacemos nada. El miedo inventado por el contrario te empuja a salir de donde estás, llevándote a emprender acciones de cambio que te alejen de ese futuro que no quieres para ti.

4. ¿Por qué nos cuesta tanto cambiar?

Estamos Diseñados para Sobrevivir, no para ser Felices

Hasta ahora hemos visto cómo podemos manejar nuestros miedos, inventando uno más grande que atraiga la atención de nuestra mente y la haga prestarle menos cuidado al miedo original. Es una técnica simple y práctica y como todo, requiere algo de esfuerzo, pero cualquier persona la puede lograr. La pregunta en este punto es ¿por qué es necesario hacer todos estos trucos? ¿Por qué nuestra mente es tan reacia al cambio? ¿Por qué nos autosaboteamos aun sabiendo que el cambio puede ser bueno para nosotros? Te lo explicaré de la manera más simple y directa. No fuimos diseñados para ser felices.

Nuestra mente tiene como función principal mantenernos vivos y a salvo tanto de otros como de nosotros mismos. Si la dejamos en automático, es decir, si no nos hacemos responsables de nuestras vidas y nunca le decimos a la mente lo que queremos, ella por defecto tomará las decisiones por nosotros priorizando nuestra supervivencia.

Al hablar de sobrevivir uno se imagina que un león te está persiguiendo por la selva, o un tiburón en el mar. Y sí, nuestra mente nos podría ayudar a sobrevivir a esos casos con adrenalina, por ejemplo. Pero para lo que nos concierne en este libro vamos a tratar un caso menos evidente: la procrastinación y el rechazo al cambio. Resulta que la mente también asegura nuestra supervivencia ahorrando energía. Entre menos energía gastemos, más sobrevivimos, esa es su programación natural. Y ¿ya adivinaste donde la mente gasta menos energía? En la zona conocida.

Estarás pensando que luego de un día de trabajo llegas a tu casa supremamente agotado(a) de alegar, de quejarte y de repartir culpas y lo que menos tienes es energía. Es cierto, yo llegaba del trabajo a mi casa literalmente a acostarme en mi sofá a ver televisión. No tenía ganas ni energía para hacer nada más. Resulta que esta es una de las consecuencias de vivir la vida en automático y dejar que tu mente tome las decisiones por ti inconscientemente.

Tu mente se acomodó ya esta situación por muy mala que a ti te parezca. Así tu odies tu trabajo, el no haber tomado decisiones tiempo atrás, le mandó el mensaje a tu mente que ese empleo es tu realidad y que ella debe adaptarse; y muy juiciosa ella se adaptó. Volvió esta situación tu zona conocida y con base en esta realidad encontró estrategias para ahorrar energía. ¿Estrategias? Si, estrategias. ¿Cuántas series de Netflix has visto los últimos meses versus cuántos libros has leído? Yo antes veía todas las series existentes y leía cero libros. ¿Cuánto tiempo te dedicas a alegar y culpar a otros por tus problemas versus cuánto tiempo has invertido en aprender algo nuevo? ¿Cuántas horas a la semana ves televisión versus cuantas horas a la semana haces ejercicio?

Esto no es una crítica, no te estoy juzgando ni atacando a Netflix, ni a las redes sociales, ni nada de eso. Una vez más estamos elevando nuestro nivel de consciencia sobre nuestras vidas. Ver series está bien, ver televisión está bien, hacer pereza está bien, ver redes sociales está bien. Lo que no está bien es dedicarles más tiempo a estas actividades de ocio y entretenimiento que a actividades que te pueden sacar de la situación de la que tanto te quejas. Trata de pensar por qué dedicas tanto tiempo a estas actividades de ocio. ¿Quizás las estas usando casi inconscientemente como refugio para escapar de tu realidad?

¿Por qué es más fácil quedarnos todo el domingo haciendo una maratón de la serie de moda, que leer un libro o sentarnos a estudiar algún curso online? Tiene que ver con sobrevivir. Resulta que cuando nos acostamos en el sofá 12 horas a ver series, nuestro cuerpo y mente quedan en modo ahorro de energía. No tenemos que hacer nada, la televisión lo hace todo. Estamos en una posición cómoda, tenemos comida al alcance del brazo. Incluso hasta nos podemos quedar dormidos allí mismo. Es el nido perfecto. Recibimos unas imágenes y sonidos para nuestro entretenimiento, no tenemos que hacer nada con ellas, ni esforzarnos por memorizar, ni interpretarlas, nada. Es el modo super ahorro de energía de nuestro smartphone aplicado a nuestro cuerpo y mente. Lo mismo pasa cuando vemos videos, imágenes en redes sociales. Nuestra vida no depende de eso, estamos relajados. Vamos a decir que en nuestra zona conocida necesitamos 1 batería o pila solamente.

La zona conocida está rodeada por un área de miedos. Ya en el capítulo de los miedos nombramos algo de eso. Nuestro ego, que se siente súper cómodo en la zona conocida, nos va a llenar de miedos cuando intentemos generar cambios. En ese sentido el ego trabaja en conjunto con la mente. A ninguno de los dos le interesa que tu salgas de la zona conocida. La función de ambos está enfocada en protegerte cuando dejas tu vida en automático y el miedo es la herramienta que usan para cumplir su función.

Más allá de la zona de miedos, está la zona de aprendizaje. En esta zona es cuando inicias tu autoconocimiento, vas aumentando tu nivel de consciencia y empiezas a adquirir nuevos conocimientos y a ejecutar nuevas pequeñas acciones en pro de algún cambio que deseas. Es la zona a la que estás intentando llegar en este momento leyendo este libro y ojalá leyendo otros libros y estudiando cosas que quieras. Esta zona es como un despertar. Dejas tanta quejadera y tanta repartición de culpas para empezar a hacerte cargo de tu vida.

Sin embargo, no es nada fácil pasar el área de los miedos y asentarnos en la zona de aprendizaje. Además del ego, que ve amenazado su "estilo de vida" de dominio en la zona conocida, nuestra mente ve amenazada su labor de ahorrar energía. Y es que, si en la zona conocida necesitamos 1 pila o batería, en la zona de aprendizaje necesitamos 3 o más. No es lo mismo en tema de gasto energético, acostarte a ver series, que ponerte a estudiar y aprender nuevos conocimientos. Te cansas mucho más procesando, interpretando, almacenando y usando información que solo recibiéndola de una pantalla acostado en un sofá.

Es por esto que nuestra mente nos sabotea, porque no quiere que gastemos energía. Recuerda que le dimos la responsabilidad y el mando de nuestra vida, la dejamos en automático, así que solo le importa ahorrar energía. Aprender, crecer, progresar, nos pueden parecer cosas benéficas para nosotros, pero para nuestra mente solo son fugas de energía. Si el miedo no te contuvo en la zona conocida, si lograste dejar a un lado las excusas de que no tienes tiempo o eso no es para ti, la mente nos envía la procrastinación. Hemos llegado a un supuesto acuerdo que leer, estudiar, visualizar nuestra vida soñada, adquirir más nivel de consciencia, hacer ejercicio, comer saludable y muchas cosas más son necesarias y buenas para nosotros. Empezamos a abrirles espacios a estas nuevas tareas en nuestra agenda. "Mañana lunes empiezo a leer 20 minutos al día". "La próxima semana me inscribo al curso online de cómo administrar mi dinero". "A partir de mañana voy madrugar a hacer ejercicio". Aparecen en nuestra vida una serie de muy buenos propósitos y nos sentimos bien con nosotros mismos. Perfecto. Sentimos que estamos avanzando.

Pero nuestra mente tiene otros planes. Al abrumarla con tantos propósitos nuevos, ella ve como la cantidad de energía que van a requerir todas estas tareas va a ser enorme. Entonces muy sutilmente juega la carta de la procrastinación. Llega el día de mañana y justo cuando te dispones a leer el libro, en la televisión están dando aquella película con la cual te reías tanto de niño. O justo cuando madrugaste a hacer ejercicio, en las noticias hay algo que llama tu atención. Las excusas abundan y como no tienes el hábito de hacer ninguno de tus nuevos propósitos, fácilmente te dejarás distraer. Luego de fallar en tus propósitos algunas veces seguidas, los dejarás a un lado y volverás a tu nido-sofá a estar en modo ahorro de energía; bueno, aunque con un regalo adicional: La culpa.

Ahora no solo no estás haciendo nada por cambiar al quedarte acostado viendo series (o cualquier otra actividad ociosa), sino que te sientes culpable de no hacer nada productivo en pro del cambio que deseas y esa culpa ya no te deja disfrutar de tus momentos de ocio. Mientras estas entreteniéndote mantienes pensando en que mejor deberías estar estudiando, leyendo, aprendiendo. Luego dices que mañana lo harás; llega mañana y algo te distrae y no haces nada, generando así más culpa. Este es el círculo vicioso en que nos logra meter nuestra mente para asegurarnos de que no salgamos de la zona de confort. No haces nada, pero al menos tienes la intención de hacer algunas cosas y un plan supremamente flexible (por no decir inútil) para cumplirlas a partir de mañana.

Ves cómo es el juego. Ya tienes consciencia, sabes lo que te conviene, pero la mente no puede dejarte gastar esa preciada energía, entonces te hace procrastinar y cuando te sientes culpable, te "ayuda" a diseñar un cronograma que sabe que no cumplirás. ¿Te ha pasado? Creo que a todos nos ha pasado. Incluso antes de leer esto ya sabías que veías muchas series, ya sentías culpa por no dedicar algo de tiempo a aprender algo nuevo, tú ya lo sabías, pero no eras consciente de cómo tu mente jugaba contigo.

Una vez aprendemos a dominar nuestra mente, tomamos más control de nuestra vida y hemos adquirido mucho conocimiento en la zona de aprendizaje, nuestra vida se expande hacia la zona de éxitos y fracasos. Esta es una zona de experimentar y poner a prueba los conocimientos adquiridos. Aquí debemos arriesgarnos, tomar decisiones. Es aquí donde decides montar ese emprendimiento con el que tanto soñabas, o hacer ese viaje de descubrimiento espiritual que tanto creías que te hacía falta, o mandar tu empleo al carajo para descubrir cómo es vivir sin ese salario.

¿Cómo crees que tu mente se siente respecto a tomar decisiones y emprender proyectos de esta magnitud? Todo esto incluso gasta más energía que solo aprender y a tu mente obvio no le va a gustar. Volverá a jugar sus cartas del miedo y la procrastinación. La buena noticia es que ya lidiaste con eso en la zona de aprendizaje y conoces la trampa. La mala noticia es que ahora los miedos son potenciados y la procrastinación más descarada.

No es lo mismo enfrentar el miedo a quedarte sin empleo simplemente para leer un libro que te ayude a cómo lograr tu independencia financiera, que enfrentar este mismo miedo al momento de tomar la decisión de mandar tu empleo al carajo e iniciar tu propio negocio. El estrés es distinto, la energía que gastas es distinta, la responsabilidad es distinta. La zona de éxitos y fracasos es una zona de tomar acciones concretas y decisiones importantes sobre tu vida. Ya basta de teoría, aquí toca aplicar lo aprendido y actuar. Aquí necesitarás 6 pilas o baterías para mantenerte activo. Como ves, no es nada fácil para tu mente acostumbrada a trabajar con 1 pila, ahora tener que disponer 6 pilas. ¿Entiendes ahora por qué tu mente te sabotea con tanto empeño?

Luego de enfrentar los miedos, tomar las decisiones, y asumir los riesgos, estamos listos para dar el salto. Es como aprender a nadar, nos lanzamos a la piscina esperando nadar y salir a flote. Ya en el agua vemos que nuestros pronósticos se quedan algo cortos, que no tuvimos muchas cosas en cuenta por más que nos esforzamos en el plan perfecto y que la improvisación no es tan mala como creíamos. Al final de una forma u otra, nadando o tragando agua, salimos a flote con la experiencia y aprendizaje de ese salto al agua. O ganamos o aprendemos, pero nunca perdemos. Por más agua que traguemos, al menos hemos conocido y aprendido cómo era estar en el agua mucho más que los que nunca intentaron siguiera ponerse el traje de baño y acercarse al agua por miedo. Salimos de la piscina listos para un nuevo salto, pero con más experiencia y conocimiento de cómo es estar allí dentro. De este modo cada nuevo salto será más fácil. Ya los miedos nos preocupan menos, ya no procrastinamos, por el contrario, sentimos emoción de volver a entrar al agua. A ese punto es donde debemos llegar donde abrazamos el cambio como algo natural en nuestras vidas, sin temor y con mucha emoción, la zona del cambio consistente.

En una carrera, así llegues de ultimo, siempre estarás por delante de los que nunca tuvieron la valentía de correrla

En el siguiente esquema se resumen todas las zonas de las que hemos hablado. Este modelo está basado en las teorías de John Kotter, la gran autoridad en temas de liderazgo y cambio, adaptadas a la situación de un empleo que no nos gusta. Esto no es un esquema fijo ni mucho menos. Cuando llegas a la zona de cambio consistente y te sientes cómodo viviendo allí, ésta se convierte en tu nueva zona conocida expandida y el proceso vuelve e inicia nuevamente. Solo que, al igual que aprendiendo a nadar, las siguientes veces serán más sencillas por la experiencia y lecciones aprendidas que has adquirido. Ya no le tendrás tanto miedo al agua. Lo que logras con todo este proceso es expandir tu vida, expandir tu zona conocida, ampliarla y ser mucho más dinámico dentro de ella. Sin embargo, siempre debemos seguir aprendiendo algo nuevo, siempre habrá oportunidades de mejorar. Nunca debemos quedarnos mucho tiempo en la zona conocida o nuestra mente se acostumbrará a ella y luego no querrá dejarnos salir.

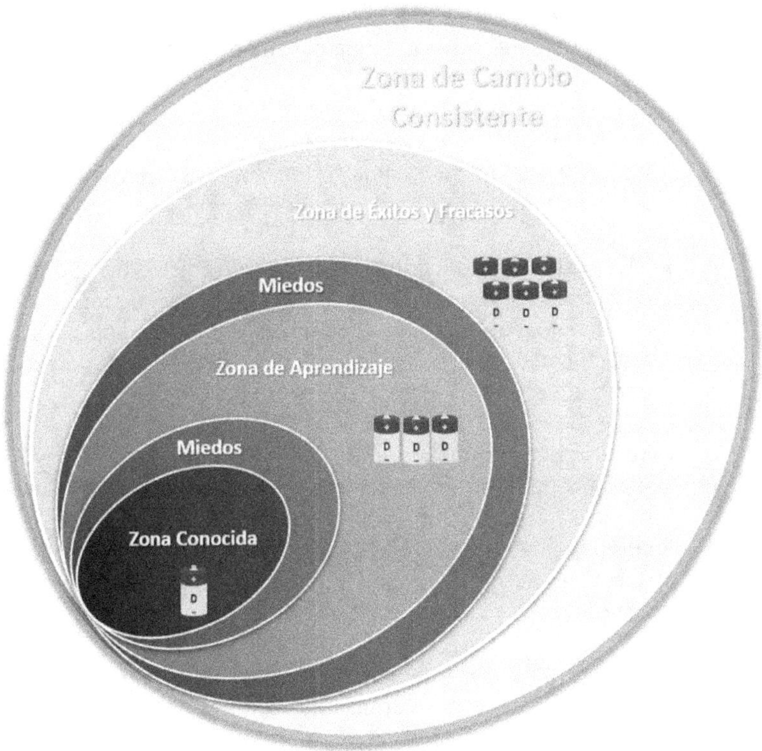

Ejercicio del Capítulo 4: Tus patrones para autosabotearte

1. Escoge una acción de cambio para tu vida que sea sencilla y fácil de hacer y escríbela en tu cuaderno de trabajo. Por ejemplo:

- Leer un libro 20 minutos al día o leer 10 páginas de un libro al día.
- Ver un video motivante al día como una charla TED o algo de Tony Robbins o Jürgen Klaric, Pepe Mujica, Sadhguru o cualquier orador que te guste.
- Adelantar tu hora de despertarte 30 minutos para poder meditar. En YouTube hay muy buenos videos para ayudarte con meditaciones guiadas.

- Dedicar 25 minutos al día a un curso online para aprender algo nuevo.
- Cualquier otra cosa que consideres productiva para tu vida y que no hayas hecho nunca.

2. Define en qué hora y momento del día vas a realizar esta pequeña acción de cambio al menos por 1 semana (ideal por 3 semanas)

3. Inventa una forma simple de llevar el registro de qué días cumpliste con tu propósito y qué días fallaste Puedes anotar en un calendario o en tu cuaderno o en alguna app para tu smartphone. No se vale recuperar la falta de un día haciendo el doble de la acción el día siguiente.

4. En tu registro también anota si sentiste pereza de hacer la tarea, o pensaste en hacer algo primero y luego completar tu acción de cambio más tarde o si la hiciste solo por cumplir y de mala gana. Por el contrario, si fue un gozo hacer la acción de cambio, anótalo también. Sé muy sincero, todo esto es para ti mismo.

5. Una vez haya pasado la semana, revisa tu registro.
   - ¿Cuántas veces cumpliste y cuantas fallaste en hacer tu acción de cambio?
   - De las veces que cumpliste, ¿cuántas veces la acción de cambio fue un gozo y cuantas veces fue una imposición sólo por cumplir?
   - De las veces que no cumpliste, ¿cuál fue la razón que más se repite?

Analiza los resultados. Si incumpliste muchos días, ¿Cuál fue la razón? Pereza, no querías hacer nada ese día, se te olvidó. Si cumpliste por obligación, pero no disfrutaste la acción de cambio, ¿Qué te impulsaba a hacer la acción así no quisieras? Tu registro completo de la actividad te revelará como tu mente te sabotea. Ya viéndolo escrito en un papel puede ser mucho más claro y revelador para ti

Resumen del Capítulo 4

- Cuando dejas tu vida en automático, es decir, no te haces responsable de ella, tu mente asume el control y prioriza el ahorro de energía como propósito principal. No le interesa que aprendas, ni que te desarrolles, ni que seas feliz, solamente le interesa ahorrar energía.

- En la zona conocida es donde menos energía necesita tu mente, por eso hará todo lo posible a través del miedo y de la procrastinación para retenerte en dicha zona.

- La zona de aprendizaje es donde adquieres consciencia, ejecutas pequeñas acciones de cambio y adquieres algunos buenos hábitos. Te llenas de conocimientos que hacen sentido para ti y te motivan a continuar en tu proceso de crecimiento. Entre más aprendes, menos quieres volver a ser como eras antes.

- La zona de éxitos y fracasos es donde ponemos en práctica todo lo que aprendimos, es la zona de pasar a la acción y donde tomamos las decisiones más importantes en pro del cambio que queremos.

- Al lanzarnos a la acción podemos ganar o aprender, pero nunca perdemos. Siempre estaremos por delante de los que nunca lo intentaron siquiera.

- Después de varios fracasos y éxitos, todo el proceso se vuelve familiar para nosotros, nuestra nueva zona conocida donde nos sentimos cómodos y todo el ciclo comienza de nuevo.

- Nunca debemos quedarnos mucho tiempo quietos en nuestra zona conocida. Siempre debemos estar desarrollándonos y creciendo como personas. De lo contrario nuestra mente se acostumbra a zona conocida y luego es más difícil sacarla de allí.

5. ¿Te has preguntado para qué viniste a este mundo?

Nada tiene sentido si no sabemos para qué lo hacemos

¡¡Felicitaciones!! Has adquirido un nuevo nivel de consciencia respecto a ti mismo, a tu vida y a tu situación. No tienes que creer ni tragar entero todo lo que he dicho, quedó muy contento si has cuestionado muchos de los conceptos que hemos visto hasta ahora, eso está bien. Recibe la información, toma lo que haga sentido para ti y cuestiona lo que no. Sin embargo, si simplemente has rechazado todo esto con la excusa que no es para ti o que no hay fórmulas matemáticas detrás, recuerda que es tu ego asustado el que habla, para evitar que adquieras un nivel de consciencia que lo pueda incomodar en su zona conocida.

Ahora veamos unos de los problemas más graves que te genera estar en un empleo que detestas. La dinámica que creas en dicha situación, de alegatos, quejas, externalización de culpas, miedos y demasiado tiempo en zona conocida, produce en ti un efecto nefasto: Empiezas a vivir sin aspiraciones. Es tanta la atención al momento, son tantos los problemas, tantas las urgencias, que se nos olvida soñar y aspirar a un futuro mejor. Con qué tiempo vamos a pensar en el futuro si en todo momento vivimos resolviendo problemas, apagando incendios. "Tengo que hacer esto", "tengo que entregar aquello", "tengo que arreglar eso". Todo se vuelve una obligación, te dedicas a cumplir, todo es urgente en esa dinámica. Nos hemos enfocado totalmente en el hacer.

Vivir sin aspiraciones es muy grave porque si no aspiramos a nada, hacemos las cosas por inercia, sin sentido y eso es lo que genera que te acostumbres a la zona conocida, a vivir la vida en automático donde tú no eres el responsable de ti. Me podrás decir que tu meta es conseguir un mejor empleo, ok, es una buena meta, pero dime ¿cuántas horas pasas buscando el nuevo empleo? ¿Cuántas horas dedicas a aprender una nueva habilidad que te consiga ese nuevo empleo versus las horas que dedicas al ocio? ¿En verdad estas comprometido con esa meta que dices tener?

Seguramente lo que tienes es un deseo más que una meta o aspiración. Deseas poder mandar tu empleo al carajo, deseas tener más dinero, deseas no tener que resolver más los estúpidos problemas que se te presentan en tu empleo. Deseas muchas cosas, pero son solo eso, deseos; mientras no te comprometas a aprender y tomar acción, nunca serán metas realmente. Estás muy enfocado en las tareas de tu empleo, en lo urgente, en apagar incendios, en cumplir para evitarte problemas, y te has olvidado de lo importante, convertir tus deseos y sueños en realidad.

Sin embargo, esto no es fácil. La dinámica en la que nos hemos metido con nuestro empleo horrible no nos deja tiempo de pensar más allá de lo que va a pasar mañana. Esto se convierte en rutina, la rutina en una zona conocida en la que no somos felices, pero sí dependientes e inconscientemente vamos aceptando (por no decir resignándonos) que esta es nuestra vida, eso fue lo que nos tocó y no hay nada más que hacer. Lo anterior no solamente es triste, sino peligroso. Una persona que no aspira a nada, un soñador que nunca pone la primera piedra en pro de sus sueños, con el tiempo se convierte en una persona frustrada, y una persona frustrada con el pasar de los años se convierte en una persona tóxica que no aporta nada ni a los demás ni a sí mismo, por el contrario, busca que todos a su alrededor sean tan infelices como él o ella.

¿Por qué podemos llegar a caer hasta ese punto?, porque no sabemos quiénes somos. Nuestra atención ha estado tanto tiempo en el exterior, que nos olvidamos del interior. No nos conocemos, no sabemos qué queremos, no sabemos ni siquiera qué nos hace felices, **creemos erróneamente que la felicidad es la ausencia de problemas**, porque vivimos en medio de tantos problemas que solo queremos salir corriendo y dejarlos atrás. El punto es que esos problemas de los que queremos huir se han vuelto nuestra zona conocida y sin saber nos hemos vuelto adictos a ellos, los buscamos. Vivir sin aspirar a nada, nos estanca en la zona conocida; sin aspiraciones nunca tendremos la curiosidad de ver que hay más allá de la zona conocida. Perdemos el regalo de explorar la vida.

Roberto Pérez en su charla Ideal y Misión de Vida, nos plantea 3 preguntas fundamentales:

- ¿Quién soy?
- ¿Para qué estoy aquí?
- ¿Para dónde voy?

Estas preguntas nos suenan extrañas porque vivimos enfocados en el exterior. Nuestra actitud hacia la vida es meramente cuantitativa, priorizamos el tener, **creemos que valemos por lo que tenemos y no por lo que somos**. Por eso mantenemos comparándonos con el compañero de trabajo vago que no hace nada pero que gana más que nosotros, que incluso nos ponen a hacer el trabajo de él o ella con el argumento que nosotros somos muy responsables. ¿Crees que esto es injusto? ¡¡¡Claro que es injusto!!! Quién podría decir lo contrario, pero seguramente viviríamos menos amargados si ni siquiera buscáramos saber cuánto salario cobran los demás. Pero nuestra creencia de que valemos por lo que tenemos y nuestro enfoque priorizando la cantidad, nos impulsa hacia la comparación, que es más bien una especie de envidia que no vemos. No es una comparación que nos invite a querer ser mejores, sino una comparación que envidia algo que el otro tiene y nosotros no.

El problema de esta actitud cuantitativa hacia la vida es que priorizando el tener, tendremos que trabajar toda la vida y nunca seremos felices. Si creemos que la felicidad es la ausencia de problemas, nunca seremos felices porque siempre habrá un problema nuevo esperándonos. Si creemos que valemos por lo que tenemos, nunca seremos felices porque siempre habrá otros que tengan más que nosotros. La actitud cuantitativa de la vida prioriza el tener y el lograr, ambiciona, pero no aspira a ser mejor. Busca desesperadamente el éxito, pero un éxito individualista, un éxito para sí mismo. Seguramente has escuchado historias de personas con muchos logros y éxitos personales enormes, pero infelices. El tema es que el éxito individual genera satisfacciones momentáneas con cada logro, pero no una felicidad consistente. Cómo vas a ser feliz si no sabes siquiera quién eres, qué te hace feliz, para que estás en este mundo y para donde vas. La mirada hacia el tener es un hambre insaciable.

Si llevamos esto a nuestros empleos, podemos ver cómo nos comparamos constantemente con otros, el otro es nuestro competidor y nosotros de alguna manera tenemos que ganarle, ya sea teniendo mejor sueldo o mejor cargo o más títulos o más logros. También culpamos a nuestro jefe, a los compañeros de trabajo, a los usuarios de otras áreas, a la empresa, al gobierno, a la economía, a la carrera que estudiamos, y hasta a nuestros padres y familia por las cosas que nos pasan. Prácticamente nos creemos el centro del universo al pensar que cualquier cosa mala que pasa, nos pasa a nosotros. Básicamente si ganamos menos que alguien, automáticamente creemos que valemos menos que el otro, como si nuestro valor fuera determinado por el sueldo que ganamos. Buscamos desesperadamente huir de los problemas del empleo: "Que nadie me llame", "que nadie me necesite", "quiero ser invisible para no atender a nadie", "que hoy no pase nada", es decir, nuestra felicidad la ponemos en manos externas.

¿Cuál es la alternativa a la actitud cuantitativa hacia la vida? La actitud cualitativa. Aquí prima la calidad antes que la cantidad, prima el quién soy, para que estoy y para donde voy, es decir, prima el ser antes que el tener. ¿Has conocido quizás personas que son muy felices y no es que sean millonarias, ni tienen una mansión ni el último carro? Quizás hayas escuchado historias de personas que ganaban mucho dinero con sus empresas o en sus cargos directivos y de un día para otro renuncian a toda esa vida de aparentes lujos y comodidades para irse a vivir a una cabañita en el bosque al lado de un lago y dedicarse a pescar o a hacer algo que les guste mucho.

Más o menos a 1 hora de donde yo vivo hay un gran lago donde se practican deportes náuticos. Por un amigo que practica kitesurf tuve la oportunidad de conocer la historia de un corredor de bolsa norteamericano con un estilo de vida bastante elevado que renunció a su empresa, cogió sus ahorros, salió de Estados Unidos para vivir acá, cerca al lago. Su pasión era el kitesurfing y ahora es profesor y enseña este deporte a los novatos. Gana muchísimo menos que en su antigua vida, pero vive la vida con mucha más pasión y es mucho más feliz.

Esta persona con su vida de corredor de bolsa tenía una actitud cuantitativa de la vida. Trabajaba por las grandes comisiones y por sentirse superior a los demás al ganar mucho dinero en la bolsa. Era una vida de éxito personal muy envidiable, pero totalmente cuantitativa. Un día esta persona empieza a evaluar su vida y ve como los logros, el reconocimiento y el éxito ya no compensan el esfuerzo y el tiempo de vida que estaba invirtiendo. Empieza a pensar más en términos de calidad (cualitativo) que en cantidad (cuantitativo), más en qué quiere él con su vida que en qué esperan los demás de él, a dejar de mirar hacia afuera para mirar hacia dentro y descubrir qué es lo que lo hacía realmente feliz. Así llegó a cambiar los trajes de diseñador por trajes de baño, los gráficos de mercado por una tabla y una cometa, y la envidia de sus ex compañeros de trabajo por la admiración de sus estudiantes. Cambió una vida basada en el tener (Cantidad) por una vida basada en su ser (Calidad).

Mientras que la actitud cuantitativa hacia la vida prioriza el éxito individual, la actitud cualitativa prioriza el ideal o propósito de vida. ¿Es el éxito malo? Claro que no. Pero no debe ser un éxito individualista, sino un éxito pensado para ser compartido con otros, para ayudar a los demás, es decir, un éxito en función de tu ideal de vida.

Que es el ideal de vida

El ideal de vida no es otra cosa que un valor por el que estaríamos dispuestos a dar la vida por vivirlo plenamente. Y ¿por qué es tan importante tener un ideal de vida? Porque la verdadera felicidad del ser humano está en vivir plenamente el camino de su ideal de vida.

Te preguntaras, ¿para que dimos tanta vuelta para llegar a esta definición? Porque es muy fácil confundir el ideal de vida con un proyecto y son completamente diferentes. Tu podrías pensar ahora que tu ideal de vida es liberarte de tu horrible empleo, o tu ideal de vida es tener una familia, o criar a tus hijos, u obtener un postgrado, conseguir el ascenso y el salario que tanto has buscado. Todo lo anterior son deseos personales, metas personales, son proyectos que tienes en tu vida. Estos proyectos te pueden impulsar a salir de tu zona conocida, por supuesto que sí, sin embargo, cumplir estos proyectos no te dará felicidad, solamente satisfacción. Y al terminar un proyecto, querrás empezar otro, y otro y otro y nunca serán suficientes para hacerte realmente feliz. Estarás muy satisfecho, pero no feliz.

Por otro lado, el ideal de vida es distinto. No es un proyecto que cumples y luego cambias de ideal de vida. Es un valor superior que rige la vida de la persona. El ideal de vida no busca solo tu éxito personal, sino que la felicidad que genera radica en el hecho de ponernos al servicio de otros. El ideal de vida es individual, hace que la persona viva intensamente su vida y la ponga en pro de otros masivamente. Por ejemplo, Malcom X dio su vida peleando por los derechos de las personas de todas las razas y su lucha por la igualdad. Incluso después de su muerte, Malcolm X continúa inspirando a la gente con su vida llena de retos y luchas, así como con su pensamiento. No es que Malcom X dijera "Tengo como proyecto morir para lograr la igualdad de razas". No, su lucha no fue un simple proyecto que se cumple y pasamos al siguiente. Era un hombre que tenía fuertemente arraigado en su vida el valor de la igualdad y ese valor le llenaba su vida de fuego, de pasión, de ganas de luchar por lo que creía, por su ideal de una sociedad con derechos igualitarios.

Sin embargo, el ideal de vida no te obliga a volverte un mártir y morir por una causa. Otro ejemplo es la cantante Shakira. Sus proyectos seguramente fueron escribir y grabar el primer álbum, cantar en un estadio lleno de personas, saltar a la fama internacional. Pero su ideal de vida va más allá, es bailar y cantar logrando que todos los seres humanos del planeta vibren con la música y bailen al ritmo de sus caderas con una sonrisa en el rostro. ¿Recuerdas el Waka Waka en el 2010? Por más que no te gustara el fútbol, esa canción puso a bailar, a cantar, a aplaudir a millones de personas, te erizaba la piel. ¿Y se puede vivir de un ideal de vida? Creo que Shakira no vive para nada mal haciendo lo que le gusta.

Pero tampoco necesitas ser mundialmente famoso para vivir tu ideal de vida. Recuerdas la historia del maestro de kitesurfing, él descubrió que su ideal de vida era hacer sentir libres a las personas con una tabla y una cometa. Tan simple como eso. Combinó un don que él tenía para enseñar y capacitar (en su momento a corredores de bolsas) con su amor por el agua y el viento. Cómo ves el ideal de vida es algo muy personal, pero siempre te llevará a brindar tu vida a otros. Si vives en pareja, tu tendrás un ideal de vida y tu pareja tendrá otro. Los pueden combinar y recorrer el camino juntos pero cada uno debe encontrar y vivir su propio ideal de vida. Es algo propio.

La felicidad del ser humano está en vivir el camino de su ideal de vida. No importa ni siquiera que logres tu ideal, el solo hecho de vivir tu vida con base en él ya te dará felicidad, la felicidad de brindarte a los demás. Te comparto una frase de la película El Guerrero Pacífico: "*Si nos obsesionamos con el destino, nos olvidamos de disfrutar del viaje, y en el fondo, el viaje es lo único que tenemos*". En disfrutar el viaje está la felicidad.

*En disfrutar el viaje está la felicidad
más que en llegar al destino*

Cómo encontrar nuestro ideal de vida

No es nada fácil sino todo el mundo tendría uno y no habría índices de infelicidad tan altos en la mayoría de empresas de todo el mundo. Como trato siempre de ser muy práctico, te comparto dos formas clave que te pueden ayudar a encontrar tu ideal de vida.

IKIGAI:

Un Ikigai es aquello que le da sentido a nuestra vida. Ikigai es una palabra o más bien una filosofía japonesa, con significados como "propósito de vida", "el significado de tu vida", "razón de ser" o "razón para levantarte en las mañanas". Esta filosofía dice que Todos tenemos un Ikigai y para descubrirlo hay que mirar hacia nuestro interior, explorarlo con paciencia y conocernos a profundidad para que florezca. Tener un Ikigai es una gran motivación por la cual levantarse por las mañanas con ganas de vivir. Se trata de combinar lo que amas, lo que el mundo necesita, en lo que eres bueno y por lo que te pueden pagar.

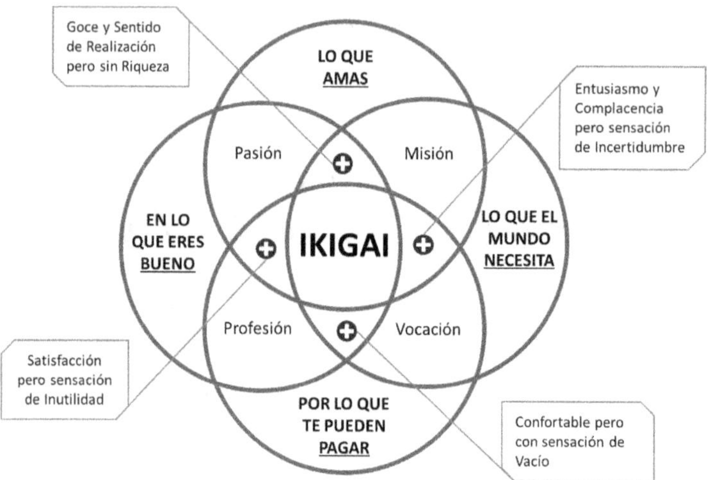

Es bastante útil recordar cuando eras niño o niña qué te gustaba hacer, qué disfrutabas mucho. De allí pueden salir habilidades innatas en ti o dones. Yo por ejemplo recuerdo que a mí me gustaba entender cómo funcionaban todos los aparatos de la casa. Me leía los manuales del Betamax, el VHS, los televisores, el equipo de sonido y aprendía a manejarlos al 100%. Luego les explicaba a mis padres cómo funcionaban cuando ellos veían que yo grababa mis propios programas de TV o mi música en casetes, etc. y así ellos aprendían más fácil sin leerse el manual. Yo digería las cosas y se les explicaba más sencillas. De esta cortísima historia podemos notar que tengo habilidad para enseñarle a otros, que soy autodidacta, curioso y perseverante.

Otro recuerdo que tengo es que yo hacía muchas manualidades como a mis 5 años y las vendía a mis familiares. Incluso tenía una tienda-galería de arte en mi cuarto donde ellos podían ir a ver todo lo que hacía y el precio de cada cosa. Podría decirse incluso que llevo un artista dentro mío pero que lo fui descuidando al crecer. O que tengo incluso habilidades de negociante que ya adulto no estoy explotando. Como ves tu niñez es una gran fuente de recursos para pensar en tu ideal de vida.

A través de tu dolor más grande:

Tu dolor más grande en la vida te puede destruir o te puede volver más fuerte. Tal vez has escuchado alguna historia de personas que les pasan cosas muy horribles o duras en la vida y simplemente quedan destruidos completamente. Terminan en las calles como indigentes o peor aún, pueden llegar al suicidio. Sin embargo, otras personas que les han pasado cosas similares, enfrentan su dolor de forma diferente y lo usan como motor para salir adelante. Terminan por ejemplo creando su propia fundación para ayudar con su experiencia a personas que les ha pasado lo mismo y esa labor les devuelve la felicidad a sus vidas. Lograron a través de su dolor, descubrir cómo podían contribuir y aportar en la vida de otros.

En mi caso personal, yo no he sufrido absolutamente nada en comparación con personas que tienen enfermedades muy graves, han sufrido violaciones de sus derechos humanos, u atrocidades peores, sin embargo, mi vida laboral para mí ha sido un dolor muy grande y viví frustrado y amargado muchos años. Insisto no se compara con otras cosas realmente horribles, pero yo sufrí mucho. E incluso luego de mandar mi horrible empleo al carajo, superar y entender esta dinámica funesta que por fin había dejado atrás, seguía sufriendo al saber cómo otras personas, amigos míos seguían en esa situación, quejándose, externalizando culpas, con miedo a quedarse sin una fuente de ingresos y no tener cómo pagar sus deudas y sostener a sus familias. Allí descubrí no solo que mucha gente sufre con el dolor que yo sufrí, sino que además tenía mucha empatía hacia ellos, me dolía su dolor y quería ayudarlos de alguna manera.

También, con un poco de autoconocimiento encontré que un valor muy importante para mí es la Libertad. Yo sufrí tanto en mis empleos porque me sentía atrapado en una cárcel en la cual mis deudas eran los barrotes que no me dejaban salir de allí. Combinando mi dolor y mis valores encontré que mi ideal de vida es liberar a todas las personas que están en un empleo o situación que no les gusta solo por necesidad económica. Ya empecé a recorrer ese camino, este libro es un paso más y cuando la gente me agradece por mi ayuda, me siento feliz, realizado. Obvio estoy lejos de lograr el ideal, pero recuerda que la felicidad está en disfrutar el viaje, llegues o no llegues al destino.

¿Cuál ha sido tu dolor más grande? ¿Te gustaría ayudar a que otras personas no lo sufran o ayudarles a superarlo? Si la respuesta es Sí, puede que, a partir de ese dolor, encuentres tu ideal de vida.

¿Qué tiene que ver todo esto con la situación en tu horrible empleo? Simple, ¿estás disfrutando el viaje en este momento? Seguramente no, o muy poco. ¿Lo que estás haciendo ahora es lo que quieres hacer el resto de tu vida? ¿Lo harías incluso si no te pagaran ningún salario? Claro que no, o no habrías llegado a este libro. Lo que te quiero decir es que, si no lo estás disfrutando y sigues como estás, no vas a ser feliz ni ahora ni nunca. ¿Estás dispuesto a ser infeliz hasta el día de tu muerte por necesitar de tu salario o vas a tomar tu vida y tu felicidad con más seriedad?

Por supuesto ahora lo primero es cumplir tu meta de mandar tu trabajo al carajo. No te vas a poner a dedicarle mucho tiempo a cómo hacer felices a todos los seres humanos del planeta si tú ni siquiera eres feliz ahora con ese empleo, pero siempre es bueno tener el panorama completo, saber que estás aquí en este mundo para algo más que trabajar para pagar deudas. Además, un ideal de vida es una fuente inagotable de inspiración para aspirar a ser mejores y eso es muy importante para tener combustible para cualquier cambio. A pesar que ahora no puedas dedicarte a vivir tu ideal de vida, ya tienes un poco más de información sobre qué es, sabes qué es lo único que te dará felicidad verdadera y perdurable y es bueno que sepas que existe, que sea un norte así esté lejano, pero al menos ya sabes para dónde deberás apuntar. Tienes que dejar de andar por la vida a la deriva.

Ejercicio del Capítulo 5: Encontrando el Ideal de Vida

1. Responde en tu cuaderno de trabajo la pregunta ¿Quién Soy? Pero espera. Esto no es una entrevista para un empleo. Si empiezas a escribir "Yo soy Andres Felipe

Velasco, soy ingeniero y master en administración" empezaste mal. No es eso lo que buscamos. Recuerda que ni un título ni un salario te definen. Por ejemplo, cuando yo respondí a esa pregunta, un fragmento de lo que escribí fue:

"Soy una persona que le gusta hacer reír a los demás e invento bobadas y hago payasadas para que otros se rían. No me gusta que las personas intenten aprovecharse de otros, me molesta la gente que se cola en una fila creyendo que nadie los vio o se creen más por hacer trampa (los vivos bobos). Trato de respetar las reglas mientras éstas beneficien a todos; sin embargo, si alguna regla me frena y me la puedo saltar sin afectar a nadie, lo haré sin dudarlo. Valoro la libertad ante todas las cosas, incluso llego a evitar compromisos emocionales si estos me quitan libertad".

Como ves, es muy diferente a una entrevista de trabajo. Descríbete tal como eres y muy seguramente de esa carta que escribas obtendrás información muy útil de tus talentos, debilidades, pero lo más importante, estarás conociéndote a ti mismo de forma consciente. Mi primera carta respondiendo esa pregunta tuvo unas 3 páginas. Hay mucho en ti que no conoces de ti mismo ni sabes que está allí.

2. Escribe en un cuaderno cómo sería tu futuro si tuvieras la parte económica solucionada, es decir si mágicamente todo el dinero que necesitas apareciera en tu bolsillo o en tu cuenta bancaria y no dependieras de tu empleo.

- ¿Qué harías con tu vida?
- ¿Dónde vivirías, solo o con alguien?
- ¿Qué sueños cumplirías?
- ¿Qué comprarías?
- ¿A qué hobbies les dedicarías tu tiempo?
- ¿Trabajarías en algo? ¿Tu propia empresa o te irías de voluntario por el mundo?
- ¿A dónde viajarías? ¿Con quién?

- ¿A quiénes te gustaría conocer en esta nueva etapa de tu vida?
- ¿Qué crees que te haría feliz?
- ¿Cómo contribuirías al mundo?
- Cualquier otra pregunta que te quieras hacer a ti mismo está bien.

Esta es tu vida soñada, tu futuro ideal, concéntrate solo en describirlo de forma positiva. Todo te sale bien, la persona que amas te dijo que si, tu empresa prosperó, todo va de mil maravillas. No se trata de exagerar ni de inventarse una vida que no es tuya, sino de describir el futuro que quieres para ti. Ten en cuenta el modelo del IKIGAI para no caer en las sensaciones de carencia. Es decir, no debe ser una visión egoísta, debes estar contribuyendo en la vida de otros; tampoco será una visión sin abundancia, debes estar ganando dinero por lo que haces; tampoco debe ser una visión vacía, debes estar haciendo algo que ames.

3. Una vez termines de escribir, lee todo para ti mismo y luego cierras los ojos y te imaginas viviendo ya en ese futuro, tal cual como si ya fuera una realidad. Esa visualización es muy poderosa y acostúmbrate a sacar un momento todos los días para visualizar tu futuro. Con el tiempo tu mente empieza a creer que sí es posible y aun si no crees en la visualización, tu mente si creerá. La mente no sabe cuándo le estás mintiendo, solo cree todo lo que le digas y lo que visualices. De esta manera obtendrás ese sueño, esa gran meta, esa aspiración por la cual luchar y que te impulsará a querer salir de tu zona conocida.

Resumen del Capítulo 5:

- El problema de la dinámica de alegar, quejarte, externalizar la culpa y no actuar por miedo es que te empieza a hacer vivir sin aspiraciones. Cuando vives sin aspiraciones ni metas, no tienes razón para tomar el riesgo de salir de la zona conocida.

- El que no sabe para dónde va, cualquier camino le sirve, pero si ya tienes un "norte" será mucho más fácil para ti, saber que caminos y que acciones si te pueden conducir hacia tu aspiración.

- Cuando tienes una meta y/o una aspiración, te pones en marcha y tomas acción para cumplirla. Si no tomas acción o procrastinas, es porque tienes solo un deseo. La meta te compromete, el deseo no.

- Una de las 2 actitudes para afrontar la vida es la actitud cuantitativa, que está enfocada hacia el tener, prima la cantidad. Crees que vales por lo que tienes y por lo que logras. Vives enfocado en el hacer, todo es inmediato, todo es urgente, todo es externo y no tienes tiempo para mirar hacia el interior

- La otra actitud hacia la vida es la cualitativa, que está enfocada en el Ser. Ya no vales por lo que tienes, sino por quién eres. Aquí priorizas la calidad de tu vida más que la cantidad de cosas que tienes. Con esta actitud es que dejas el individualismo y empiezas a buscar tu ideal de vida para servir a otros y ser feliz disfrutando el viaje.

- Puedes encontrar tu ideal de vida con autoconocimiento preguntándote para qué eres bueno, qué amas hacer, qué necesita el mundo y por lo que te puedan pagar. Otra forma es a través de tu dolor más intenso en la vida, si tu intención es ayudar a otros a que no pasen por lo que tu sufriste.

- Si no estás disfrutando el camino y no eres feliz, ese camino no es tu ideal de vida y si sigues por allí, jamás experimentarás la verdadera felicidad del ser humano.

6. ¿Realmente eres Consciente de lo que Crees?

Las Limitaciones están en tus Creencias

Una de las cosas que más pesaba cuando ponía mi empleo horrible en una balanza era el dinero. Si mandaba mi empleo al carajo, de dónde sacaría dinero para pagar las deudas y las obligaciones del siguiente mes, para salir con mi esposa a cenar cada fin de semana, para ir a cine, para viajar e irnos de vacaciones, para comprar ropa, para darme gustos. Esos pensamientos pesaban mucho en ese lado de la balanza, ese era mi gran temor. En el otro lado de la balanza estaba mi dignidad, mi felicidad, mi tiempo, mi tranquilidad, mi salud física y mental y aunque todas estas y muchas las podemos considerar igual o más importantes que el dinero, seguía pesando más el hecho de quedarme sin un salario y modificar mi estilo de vida.

Todas las anteriores eran preocupaciones válidas, incluso son pocas comparadas con las preocupaciones de la mayoría de personas que detestan sus empleos, pero están atados económicamente a ellos. Hay personas que tienen hijos y cómo podrían darle lo mejor a sus hijos sin ese salario de su horrible empleo. Otras personas quizás tienen algún familiar enfermo o en condición de discapacidad o tienen personas que dependen económicamente de ellos. En fin, la cantidad de posibles situaciones es igual a la cantidad de personas porque cada uno de nosotros tenemos nuestra situación particular. El hecho es que esa situación, por buena o mala que nos parezca, es nuestro estilo de vida y evitamos afectarlo aguantándonos nuestros horribles empleos.

Así como hay situaciones diversas, también hay personas muy diversas. Partamos de que todos están aburridos con sus empleos. Algunos se quejan, pero no actúan; otros reparten culpas y maldicen la vida que les tocó; otros tratan de llevar su empleo de la mejor manera, pero siempre hay situaciones que les hacen dar rabia; otros se resignan y alegan, pero en silencio; unos últimos incluso llegan a decirse a sí mismos: *"Gracias a Dios que al menos tengo este trabajito"* y un caso extremo que me dijo una vez: *"si el empleo es una mierda, uno debe convertirse en mosca"*. Posiblemente para esas últimas dos frases habrá detractores que piensen que jamás van a dar gracias por tener un empleo tan horrible, que uno nunca debe dejar de luchar por lo que es justo, pero también habrá seguidores que digan que uno siempre debe ser agradecido con lo poco o mucho que tenga, o que es mejor hacerse al ambiente y llevar la situación de la mejor manera posible.

Pero si algo tienen en común todas estas personas es que no asumen la responsabilidad de sus vidas, no tienen el mando y viven en automático esperando que del exterior les llegue la solución a sus problemas. Y uno de los peores errores que hemos cometido, al vivir en automático, ha sido no interesarnos por nuestra inteligencia emocional (de la que hemos estado en toda esta primera parte del libro) y nuestra inteligencia financiera (de la que hablaremos en la segunda parte).

Nuestra Educación

¿Por qué nunca nos interesamos por nuestra inteligencia emocional y nuestra inteligencia financiera? Simple, porque nunca nos las enseñaron. Toda nuestra educación ha sido enfocada a la inteligencia académica, la intelectual, Adquirir conocimientos teóricos y técnicos para luego aplicarlos. En la escuela y universidad, no vimos una clase llamada "Administración del Dinero" o "Inteligencia Financiera" o "Inteligencia Emocional", por el contrario, fuimos educados para aprender a no salirnos de la línea al colorear, a vestir un uniforme para ser todos "iguales". Luego pasamos al tremendamente útil y práctico para la vida de todas las personas, trinomio cuadrado perfecto, integrales, derivadas, historia geopolítica de nuestra patria y la lista es interminable. Estos conocimientos no son malos ni inútiles en sí mismos, ningún conocimiento lo es, pero el problema es que el sistema educativo sigue enseñando de la misma forma que lo hacía hace 50 años en un mundo que ya ha cambiado muchísimo desde aquellas épocas.

Es curioso ver como cuando terminamos nuestra preparación académica y empezamos a hacer nuestras primeras entrevistas de trabajo, siempre nos preguntan por ejemplo que si sabemos trabajar en equipo. También nos preguntan si somos creativos, sí podemos idear respuestas ingeniosas para problemas comunes; a lo que todos hemos dicho que por supuesto que sí.

Pero si recordamos nuestra educación, que creativos vamos a ser si no se nos permitía salirnos de la línea al colorear, ni pintar el sol de color azul, ni ir a la escuela vestidos con nuestra propia ropa. Qué habilidades de trabajo en equipo vamos a tener, cuando se nos hacía creer que era un pecado ayudarle a un compañero o compañera en un examen, en un sistema de calificación que claramente promueve el individualismo, el sálvese usted y suerte con los demás. Tal vez no hubiera sido mejor para evitar llevarnos a hacer trampa por ayudar a un compañero, que nos hubieran inculcado el valor del trabajo en equipo y desarrollar más proyectos escolares en grupo qué exámenes individuales. Que autoestima e inteligencia emocional íbamos a desarrollar si se nos clasificaba con un número y donde básicamente nos decían que el que sacaba 10 servía y el que sacaba menos de 6 estaba perdido en la vida. Qué manejo del dinero íbamos a aprender si en muchas escuelas estaba prohibido vender dulces porque "en la escuela se vino a aprender, no a hacer negocios", como si aprender a hacer negocios, o aprender a vender no fueran unos de los

conocimientos más útiles que hubiéramos podido adquirir desde niños. Hay una desconexión y una incongruencia entre lo que nos enseñaron y lo que necesitamos en la vida.

Sin embargo, no tener inteligencia financiera ni inteligencia emocional no ha sido nuestra culpa, ni de nuestros papás ni de nuestros abuelos, es un tema más cultural, de educación. y como ya sabemos, alegar, quejarnos, repartir culpas y hacernos las víctimas no nos sirve de nada. Lo que nos queda ahora es ser conscientes que la inteligencia financiera y emocional son tan importantes (incluso más) que la académica, dejar de vivir en automático respecto a ellas y tomar el mando de nuestras vidas. Como dijo Bill Gates, el fundador de Microsoft:

No es tu culpa nacer pobre, pero si mueres pobre es tu culpa

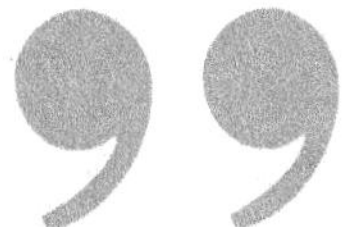

Aquí no es momento de lamentarnos ni repartir culpas. Los errores del pasado dejémoslos atrás, "si la embarramos con C mayúscula", ya no importa. Lo que importa es que de aquí en adelante seamos más conscientes y tengamos ganas de cambiar nuestro destino.

Las Creencias

Si hablamos de la inteligencia financiera propiamente, si somos empleados y dependemos de nuestro salario, muy seguramente no venimos de una familia adinerada. Robert Kiyosaki, reconocido por su obra Padre Rico Padre Pobre, en sus múltiples libros habla sobre cómo los ricos educan a sus hijos respecto al dinero de una forma muy diferente a como los pobres lo hacen. Seguramente a ti y a mí nuestros padres no nos educaron bien respecto al dinero, porque ellos tampoco estaban bien educados financieramente ni a nuestros abuelos tampoco y así sucesivamente. Ni hablar si cuando éramos niños algún familiar o profesor o líder espiritual nos hizo creer que el dinero es el diablo o que los ricos son malos y se aprovechan de los pobres, etc.

Si no lo sabías, de 0 a 7 años es la etapa donde se forman nuestras creencias más fuertes, tanto creencias limitantes como creencias empoderantes. Estas creencias definirán nuestra vida adulta y son casi invisibles para nosotros, trabajan en automático, ni siquiera somos conscientes de que las tenemos. Sucesos tan aparentemente sin importancia como el que describe Debbie Ford en su libro El secreto de la Sombra, atención a esta historia:

En uno de sus talleres, ella contaba a sus alumnos que de niña, a sus 3 años de edad, sucedió algo en su vecindario. Un ladrón había robado una pequeña tienda y según la policía, él había pasado por el patio trasero de su casa. Ella estaba acurrucada en un rincón de su casa, asustada sin entender qué pasaba y lo único que veía era adultos corriendo de un lado a otro sin prestarle atención ni a ella ni a su temor, era como si ella no existiera, nadie se percataba que estaba allí acurrucada. Ese día, con ese suceso, cuenta la autora que tomó una decisión crítica que alteraría la forma en que ella se percibía a sí misma y a los demás. Hizo que ese incidente significara que ella no le importaba a nadie, que ella no era lo suficientemente importante para merecer atención. Y obviamente en su vida adulta nadie le prestaba atención, pero fue porque ella misma formó la creencia limitante que ella no era importante, que no merecía atención. Parece increíble que un suceso tan aparentemente insignificante en nuestra niñez, pueda dictaminar nuestra vida adulta de una manera tan radical. Pues así es y es mucho más frecuente de lo que pensamos.

En mi caso personal recuerdo que mi papá y mi abuelo cuando veían el carro último modelo del vecino, un Honda Civic rojo modelo 1994, decían "En qué negocio turbio andará para poder comprarse ese carro". Sin querer formé la creencia que si uno tiene dinero los demás van a pensar que uno anda en negocios ilegales y te van a juzgar como una mala persona; ¿Qué consecuencias tuvo esto en mi vida adulta? Que cada billete que ganaba en mis empleos me lo gastaba al finalizar el mes. No podía permitir que los demás vieran que yo tenía algo de dinero para que no me juzgaran y me tildaran de mala persona. Yo no quería convertirme en una mala persona.

Pero lo grave de todo esto es que yo no era consciente. Yo me gastaba el dinero creyendo que estaba disfrutando la vida. No era que yo planeaba cómo iba a gastarme mi dinero, no, inconscientemente lo gastaba sin saber por qué, en cosas que no necesitaba realmente. Si yo hubiera sido consciente de esa creencia que tenía sobre el dinero, pues mejor hubiera sido donar mi dinero mensualmente a caridad para que la gente viera que yo era una buena persona. El problema con las creencias que se formaron en nuestra niñez es que no contábamos con el criterio para evaluar lo estúpidas que ahora suenan, simplemente las asumimos ciertas porque nos las dijeron con palabras o con actos, personas en las que confiamos nuestra vida.

Muchos crecimos con la creencia que "es *más fácil que un camello entre por el ojo de una aguja, que el que un rico entre en el Reino de los Cielos*". Es decir, si éramos ricos no iríamos al cielo si no al infierno. ¿No crees que mucha gente puede estar deshaciéndose inconscientemente de su dinero debido a esta creencia? Por una frase que si investigas un poco te enteras que está mal traducida y mal interpretada. ¿De verdad crees que una persona adinerada que, por ejemplo, personalmente va y hace donaciones a una fundación de niños con alguna enfermedad o visita ancianos en centros geriátricos y que gracias a su dinero les compra cosas, pasa tiempo con ellos y mejora la calidad de vida de esas personas que la sociedad ha casi olvidado y les enseña a sus hijos a ser generosos con los demás, no puede ir al cielo sólo porque en vida fue adinerada? No se trata de ir en contra de una u otra religión, ni mucho menos de atacar las creencias religiosas de las personas, sino de detenernos a evaluar por un momento si algunas de las cosas que nos enseñaron de niños, si hacen sentido hoy en nuestra vida adulta y sobre todo si nos están limitando en algún aspecto. No apliques esto solo a creencias religiosas, esto aplica para cualquier creencia que puedas tener.

¿Qué creencias tienes tu?

¿Crees que el dinero es el origen de todo mal? Las abuelas solían decir mucho eso. Esa era una generación muy adoctrinada por la religión y muy estricta para clasificar lo que es bueno y lo que es malo. ¿Crees que el dinero solo trae problemas? Tal vez, como yo, te tocó ver a tus padres peleando por dinero o por la falta de éste en la casa, o a tu familia enfrentándose por la repartición de una herencia y de allí se formó esa creencia. ¿Crees que todos los ricos son malos y se aprovechan de los pobres? Creo que estaremos de acuerdo en que no todos los pobres son buenos. Hay gente pobre muy buena que no merece lo que les pasa, y hay pobres muy malos que incluso atentan contra otras personas. De la misma forma hay ricos muy malos que no les interesa cómo pueden afectar a otras personas con tal de conseguir dinero y poder y hay ricos muy buenos que donan grandes cantidades de dinero a fundaciones y hacen mucho trabajo social.

Como ves, cualquier creencia que tengas está sujeta a discusión e interpretación. Lo importante es identificarlas, ser consciente de ellas y detenernos un momento a pensar si hoy en día, con nuestro conocimiento y grado de consciencia actual, todavía esas creencias tienen sentido.

Un truco fácil para identificar creencias es si generalizamos. Si utilizamos las palabras TODOS, NINGUNO, SIEMPRE, NUNCA, es una creencia la que habla por ti. "TODOS los ricos son malos". ¿Acaso conoces a todos los ricos del planeta y lo que hacen con su dinero para poder afirmar que absolutamente TODOS son malos? "SIEMPRE me pasan cosas malas" Si eres fiel creyente de la Ley de Murphy, déjame decirte que todo es interpretación. El ser humano es pesimista por naturaleza, porque esperando lo peor es más fácil sobrevivir por anticipación. Puede que creas que SIEMPRE te tocan TODOS los semáforos en rojo y a veces pasa y claro da rabia, toda tu atención está centrada en el color rojo del semáforo y tu mente hace que te centres en ver el rojo, pero ¿recuerdas alguna vez que te tocaron todos en verde? Claro que no, porque nuestra atención está en el rojo (lo malo), no en el verde (lo bueno). Los semáforos en verde ni los vemos ni los contamos, ni decimos "uyyyy que buena suerte, la Ley AntiMurphy" cuando pasamos todos los semáforos en verde. Lo bueno que nos pasa no tiene nuestra atención, por eso no lo contabilizamos y creemos que SOLO nos pasan cosas malas.

Cualquier generalización que hagas, ya es una creencia tuya que debes empezar a evaluar para ver de donde nació y si en la actualidad de tu vida, tiene validez o no. Me dirás que es solo tu forma de expresarte cuando dices que siempre te va mal, que obvio sabes que no te pasan siempre cosas malas y está bien, esa era mi excusa también. Pero el problema es que nuestra mente no sabe diferenciar nuestras jocosas formas de expresión, ni sabe cuándo le decimos mentiras o verdades, ella lo cree todo. Por eso es que a través de nuestro lenguaje podemos reafirmar inconscientemente creencias que ni sabemos que tenemos.

¿Y todo esto para qué?

Porque es necesario que entiendas que la inteligencia emocional y la inteligencia financiera son muy importantes, incluso más que la inteligencia académica. De hecho, si te pones a buscar biografías de las personas más exitosas del mundo, sabrás que muchos no terminaron la universidad o la escuela. Por más que diga que eso de mirar hacia dentro es para gente débil que necesita psicólogo o que el dinero no es importante porque no da felicidad, esas son solo creencias que tienes y que no te habías percatado de ellas ni mucho menos te habías dado el tiempo de analizar si hoy en tu vida aún aplican.

Las 3 inteligencias, académica, emocional y financiera son muy importantes en nuestra vida. Cómo puedes asegurar que si miras hacia tu interior y hacia tus sentimientos vas a ser débil o si consigues dinero te volverás un ricachón malvado. Son solo creencias que tienes sin evaluar su validez actual, al haber vivido tanto tiempo sin preocuparte por tu inteligencia emocional y financiera. El alegar tanto, el quejarte de tu empleo, el no poder renunciar a él por necesidad económica y tener que aguantarte a tu jefe, ¿no son suficientes razones para considerar estas inteligencias en tu vida?

Ya que vimos la inteligencia emocional en la parte 1, vamos a adentrarnos en la inteligencia financiera en la parte 2. Recuerdas cuando te pedí en los primeros capítulos que controlaras tu ego cuando empezara a querer distraerte de abrir tu mente a nuevos conceptos, pues ahora debemos además ser muy conscientes de las creencias sobre el dinero que pueden entorpecer nuestro viaje hacia la inteligencia financiera.

Si estás en ese empleo horrible por necesidad económica, ¿no crees que es contradictorio decir que para ti el dinero no es importante? Yo no te estoy diciendo que tengas que volverte un magnate con un yate de oro para ser feliz si no es lo que quieres, no, pero si quiero que entiendas que el dinero es un medio que nos puede facilitar mucho la vida y no se trata de la cantidad que tengas sino de cómo administras lo que tienes. Si tu sueño es ser un monje Shaolin que no sienta amor alguno por el dinero, pues igual necesitas dinero para darte el lujo de irte al menos 1 año a la provincia china de Henan al monasterio shaolin. En un mundo capitalista en el que vivimos, lo más responsable es aprender cómo funciona para facilitarnos la vida.

Ejercicio del Capítulo 6: Descubre una creencia limitante

1. Intenta pensar en algún aspecto de tu vida que se te dificulte o te genere mucho miedo. Puede ser por ejemplo hablar en público, puede ser que seas una persona tímida y te cueste entablar una conversación con otras personas, quizás envidias demasiado lo que los demás tienen o logran, o tal vez no eres capaz de mantener el dinero en tu bolsillo y siempre buscas excusas para gastarlo. Tu escoge la situación que quieras.

2. Intenta recordar tu niñez, cuando tenías aproximadamente entre 0 y 7 años de edad y busca algún suceso que creas

puede estar relacionado con la dificultad o problema que escogiste en el punto 1. Puede que alguien te calló mientras querías expresar algo a tu familia y todos se burlaron de ti sin intención y de allí desarrollaste tu miedo a hablar en público. Tal vez veías como a tu hermano menor le brindaba más atención que a ti y empezaste a creer que tu no merecías la atención de nadie o que no valías lo suficiente para que te prestaran atención. Quizás tu papá se fue de casa y creciste sin esa figura paterna con la idea que debes demostrarle al mundo que tú no serás como él. Quizás escuchabas a tus padres peleando por dinero y formarte la creencia que el dinero solo trae problemas y es mejor deshacerse de él.

3. Con la dificultad que tienes en tu vida adulta y el suceso de tu niñez relacionado con ella, intenta identificar la creencia que se pudo formar cuando eras niño y que está afectando tu vida adulta.

4. Evalúa y cuestiona la creencia que hallaste. ¿De verdad es válida hoy en día? ¿De verdad el dinero SIEMPRE le trae problemas a TODO aquel que lo posee? ¿De verdad yo no merezco la atención de nadie solo porque un familiar me ignoró sin querer cuando yo tenía 5 años? ¿De verdad SIEMPRE que voy a hablar en público voy a cometer algún error y TODO el mundo SIEMPRE se burlará de mí?

5. Anota la creencia en tu cuaderno de trabajo y escribe todo el cuestionamiento que le haga dar validez en esta etapa de tu vida. Escribe lo que más puedas. Luego puedes leer lo que escribiste cada vez que dicha creencia intente sabotearte. Si quieres ampliar mucho más tu conocimiento sobre este tema, el libro El Secreto de la Sombra de Debbie Ford es absolutamente relevante. Muy recomendado que lo puedas leer alguna vez.

6. Mira el documental de Netflix llamado Bill Gates Bajo la Lupa y acaba con la creencia que todos los ricos son malas personas. También puedes ver el video Elimina tus creencias limitantes de Marisa Peer que está en Youtube, Marisa realmente es una coach extraordinaria para este tema.

Resumen del Capítulo 6:

- La inteligencia académica no es la única que debemos desarrollar. Existen también la inteligencia emocional y la inteligencia financiera que son igual o incluso más importantes.

- El motivo por el que no desarrollamos la inteligencia emocional y la financiera es porque nadie nos las enseñó. La escuela solo nos prepara para ser empleados y es un sistema que enseña lo mismo que se enseñaba hace 50 años en un mundo que cambia todos los días.

- Las creencias más fuertes del ser humano se forman entre los 0 y 7 años y afectan profundamente nuestra vida adulta. Es importante poder identificarlas y sobre todo cuestionar su validez hoy en día en nuestras vidas.

- Una creencia se puede formar de cualquier suceso de nuestra niñez donde aún no tenemos criterio para validar ni cuestionar la creencia.

- Una forma fácil de identificar las creencias que puedes tener y no te das cuenta es cuando generalizas. Al usar palabras como TODOS, SIEMPRE, NUNCA, NADIE al hablar o referenciar sobre algo, seguro es una creencia la que habla por ti.

Fin de la Parte 1

Felicitaciones, has concluido la parte 1 y has incrementado tu inteligencia emocional cómo no te imaginas. No volverás a ser la misma persona, te lo aseguro. En toda esta primera parte tuvimos como objetivo explotar tu inteligencia emocional e incrementar tu nivel de consciencia hacia tu vida.

A pesar de estar muy centrada en la difícil situación de tener un empleo que detestas, los principios que fueron descritos en ella, aplican para cualquier situación de la vida y para cualquier persona. La inteligencia emocional es supremamente importante para aprender a manejar las diversas situaciones de nuestra vida, personal y social, para evitar el estrés y vivir sin amargura. De lo anterior no solo sufren los empleados que no están conformes con tus empleos, sino cualquier persona.

Si a ti te ha servido y conoces a alguien (sea o no sea empleado) que alega en exceso, se queja, pone culpas en los demás, se le dificulta cambiar o dice abiertamente que no quiere hacerlo, comparte con esa persona estos principios y experiencias, que estoy seguro en algo le van a ayudar.

PARTE 2:

MANOS A LA OBRA

Parte 2:
Manos a la Obra

Hemos hecho un gran esfuerzo con la parte 1, ¡¡FELICITACIONES!!. Tu nivel de consciencia debe estar mucho más elevado que cuando comenzaste a leer este libro y en parte debes estar muy entusiasmado por el hecho que ya te conoces un poco mejor, ya sabes porque te pasan las cosas que pasan, como tu mente y tu ego tratan de sabotearte (realmente te están protegiendo, pues ni el ego ni mucho menos tu mente son enemigos, pero sí debemos aprender a gobernarlos), pero lo más importante es que empiezas a despertar un deseo y una motivación para cambiar y eso es lo más importante. Sin esa motivación, sin una meta a la cual llegar, terminarás abandonando el proceso a mitad de camino. Por ahora tu meta es mandar tu empleo al carajo y cada vez vamos avanzando hacia esa meta.

Esta segunda parte del libro es práctica, los conceptos teóricos serán mucho menos que en la primera parte. Aquí vamos a empezar a tomar acción y a atacar el principal problema que te amarra a tu odiado empleo: La necesidad económica hacia tu salario. Para poder contrarrestar esa dependencia de tu salario, vamos a aprender a organizar tus finanzas. Lo maravilloso de estos conocimientos es que no solo te servirán si quieres mandar tu empleo al carajo, sino que también te servirán cuando encuentres tu empleo ideal o seas independiente o no tengas empleo. Es información supremamente útil que le facilitará la vida a cualquier persona, pero que desafortunadamente no enseñan en la escuela.

Los ejercicios de los capítulos puedes realizarlos en tu cuaderno de trabajo sin problemas, aunque también te recomiendo que vayas creando una hoja de cálculo y vayas haciendo los ejercicios en ella, pues la información de tus finanzas que vayas registrando en cada capítulo la utilizaremos en capítulos siguientes y tú mismo seguramente la necesitarás en el futuro.

Te felicito por terminar la parte 1 y te doy la bienvenida a la parte 2: Manos a la obra. ¿Estás listo(a) para mejorar tus finanzas y tu relación con el dinero? El cambio será brutal.

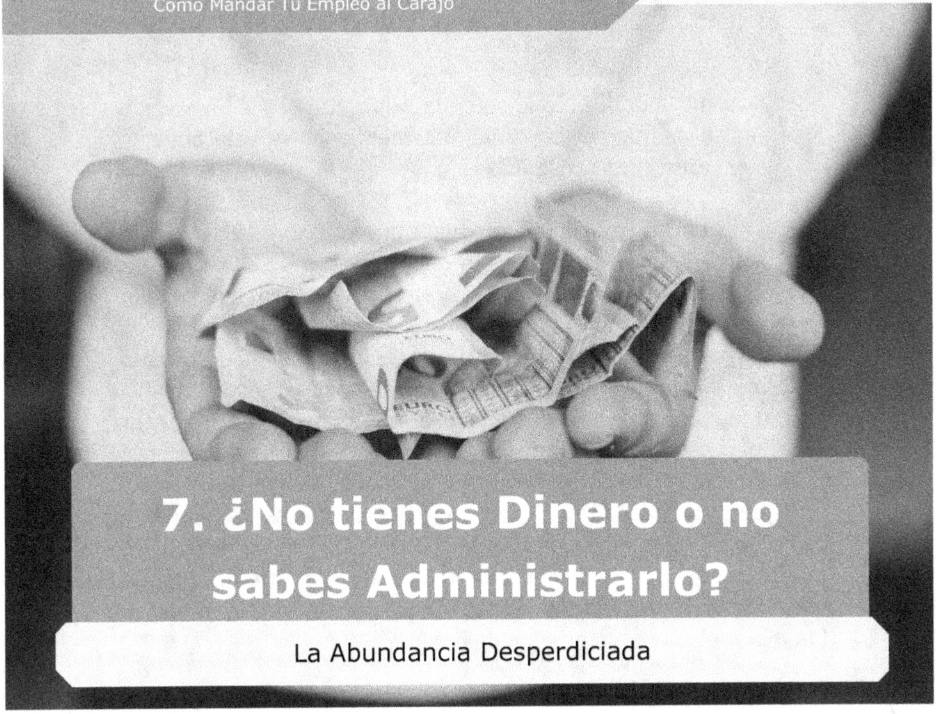

7. ¿No tienes Dinero o no sabes Administrarlo?

La Abundancia Desperdiciada

Cuando yo estaba en mi horrible empleo, bueno los 4 fueron horribles, pero sobre todo en el último, bromeando con los compañeros de trabajo que eran partidarios de mi lucha inútil por buscar justicia, me gustaba inventar y/o acomodar frases para burlarnos de nosotros mismos por ser pobres y tener que aguantar ese horrible empleo y a nuestro "maravilloso" jefe.

Llegué a inventar un concepto que denominé las "Frases de Arrancado". Un arrancado o arrancada es una persona que no tiene donde caerse muerto, un pobre pero que mantiene diciendo frases como:

- Prefiero ser pobre, pero honrado
- Prefiero ser pobre, pero vivir tranquilo
- El dinero no compra la felicidad
- El dinero no es importante, lo importante es tener salud
- Poco dura la alegría en la casa del rico
- Para qué tanto dinero si al final a todos nos van a enterrar en el mismo hueco

- Al hombre pobre, no le salen ladrones
- Las cosas que se consiguen fácilmente, no se valoran. Hay que sufrir para conseguirlas

Todos nos burlábamos por 2 razones: primero porque había una compañera devota de las frases de arrancado y se molestaba con nuestras burlas y segundo porque todos soñábamos con tener mucho dinero para mandar ese horrible empleo al carajo sin consecuencia alguna. De hecho, algunos teníamos preparada la forma en que renunciaremos y lo que le diríamos a nuestro jefe. Una compañera decía que si ella se ganaba la lotería al otro día llegaría al trabajo montada en un caballo al que previamente le había dado 3 litros de laxante y se iría derechito a la oficina del jefe; ustedes imaginarán el resto. Todos reíamos a carcajadas, soñar no cuesta nada como dicen. Eso sí, ni siquiera tomábamos la acción de comprar la lotería regularmente, así que ese sueño era más bien un deseo que ya sabíamos que nunca se iba a cumplir.

Sin embargo, entre tantas bromas, si alguna vez dijimos algo que sí valía la pena y es que, si uno tiene que trabajar por necesidad de un salario, es porque uno es pobre. Nuestro horrible empleo tenía muchas cosas buenas, el salario era más que el promedio de la ciudad, a parte la empresa nos daba 17 salarios al año (14 legales y 3 extralegales o prestaciones). Teníamos buenos beneficios económicos que nos permitían darnos un nivel de vida muy por encima del promedio del país. Nosotros nos quejábamos por cosas que considerábamos injustas, pero esa es otra historia. El hecho es que nadie se atrevería a pensar que alguno de nosotros era pobre como tal. Ese salario y sus prestaciones nos permitían vivir muy bien a nosotros y a nuestras familias. Eso también hacía más difícil mandar ese empleo al carajo. Esa imagen del pobre con ropa harapienta sin nada que comer no cuadraba con nosotros.

Y esa no es más que otra creencia, que el pobre solo es aquel que no tiene que comer, que no viste con ropa de marca, que no gana una cantidad de dinero determinada, que pasa penurias, etc. Nosotros éramos pobres porque nos aguantábamos algo que odiábamos solamente por la necesidad de ese salario. Todos decíamos que, si mágicamente el salario nos apareciera en la cuenta bancaria cada mes, mandaríamos ese trabajo al carajo sin dudarlo así que no había ninguna causa noble, ni ningún ideal ni nada detrás, solo necesidad económica. El mensaje de esta historia es que puedes tener todas las comodidades que quieras, un estilo de vida muy bueno, pero si tienes que trabajar por dinero, eres pobre. Si quieres enmascararlo diciendo que tú eres clase media, ok, pero esto no es una clase de economía.

Ahora, no nos vamos a poner a debatir si ser pobre es malo o bueno o si ser rico es malo o bueno. Pero lo que debemos tener claro es que si hay algo que de verdad el dinero no puede comprar es el tiempo y eso lo hace invaluable y preciado. No es posible decir que damos un millón de dólares para volver a tener 20 años y tener más tiempo para hacer lo que queremos hacer. No hay forma de comprar 10 años y que se sumen a nuestra esperanza de vida. Basándonos en el concepto de que el dinero no puede comprar tiempo, pobre es aquel que intercambia su tiempo por dinero y rico es aquel que no necesita intercambiar su tiempo por dinero. Lo más preciado no es el dinero, de alguna forma siempre podremos conseguir más dinero, pero de ninguna forma podremos conseguir más tiempo.

> *Si tienes que intercambiar tu tiempo por dinero, no eres libre*

Con esta definición también se desmiente la creencia que el pobre solo es la persona que viste con ropas harapientas y que el rico solo es aquel que tiene un yate de oro y un jet. Una persona que cobra mensualmente un salario de 30 mil dólares puede ser pobre. Si ese empleo es su única fuente de ingresos y

no ha desarrollado su inteligencia financiera lo más probable es que su estilo de vida, debido a su salario, le haga incurrir en gastos de 30 mil dólares o más al mes. El problema es si la despiden de su empleo, su única fuente de ingresos desaparece, pero sus deudas, obligaciones y estilo de vida seguirán allí. Podría quebrar y perderlo todo en poco tiempo si no consigue un trabajo con un salario similar rápidamente.

Por otro lado, una persona que gana el salario mínimo en un empleo pero que desde hace muchos años ahorró parte de su salario y pudo comprar por ejemplo un apartamento extra para arrendar que ahora le genera una renta igual a su salario, puede perfectamente dejar de cambiar su tiempo por dinero y dedicarse a vivir tranquilo de la renta que le da el apartamento. Este no es un rico con un yate de oro, no es un billonario, pero es rico en tiempo, lo tiene todo disponible, su estilo de vida no incluye jets privados, pero tiene todo lo que necesita para vivir tranquilo y sin tener que trabajar por necesidad económica.

¿Qué crees ahora con esta nueva definición de rico y pobre basadas en el tiempo? Yo al descubrirlas lo primero que pensé es que ya no era imposible para mi ser rico. Claro, yo antes imaginaba que un rico era aquel que tenía jets, yates, autos deportivos, mansiones más grandes que una ciudad, mayordomos, etc. Y por supuesto con mi salario mensual no iba a conseguir todo eso ni trabajando 10 vidas. Pero cuando veo que el objetivo no es el yate, ni el jet sino lograr que mi salario aparezca mes a mes en mi cuenta sin yo tener que intercambiar mi tiempo por él, a pesar de no saber cómo iba a hacerlo, definitivamente ya no se veía imposible. Imposible era que yo no fuera capaz de lograrlo en todos los años que me quedan aún de vida; me decía a mí mismo: "tienes que ser muy haragán para no conseguirlo"

¿Y tú sabes al menos ¿cuánto dinero necesitas que aparezca mágicamente en tu cuenta bancaria mes a mes para poder mandar tu horrible empleo al carajo y vivir tranquilamente? Yo ni eso sabía.

Pero, ¿para qué el tiempo?

Bueno, seguramente habrás pensado algunas cosas que podrías hacer si no tuvieras que ir a trabajar a tu horrible empleo todos los días. Si hiciste los ejercicios del capítulo 5 en pro de encontrar tu ideal de vida, seguramente querrás más tiempo para dedicarte a actividades que sean más gratificantes y que te hagan más feliz de las que hoy en día haces. Compartir más con tu familia, emprender ese negocio que siempre has querido, viajar por el mundo, aspirar a ser un mejor ser humano, ayudar a otros, etc. Todas estas actividades demandan tu tiempo y así no quieras ser un billonario, el dinero sí que te va a ayudar a que dejes de desperdiciar tu tiempo en un empleo horrible para que lo puedas dedicar a lo que tú quieras. Por eso la inteligencia financiera es muy importante así tú no quieras ser un multimillonario por alguna creencia que tengas.

La abundancia que has desperdiciado

En este capítulo quiero que veas y que seas consciente de la cantidad de dinero que ha pasado por tus manos. Esto es algo que la mayoría de las personas no hacen. Es curioso cómo la gente vive soñando con tener una cantidad determinada de dinero (acorde a su estilo de vida) y en muchos casos la persona con todo el dinero que ha pasado por sus manos a lo largo de su vida ya incluso ha superado esa cifra.

Los siguientes dos ejercicios, son indispensables que los hagas, no tienen que ser exactos, no tienen que ser perfectos, solo tomate el tiempo necesario para hacerlos lo más a conciencia que puedas.

Objetivos:
- Poder determinar cuánto dinero recibiste desde que iniciaste tu vida productiva hasta hoy, año tras año
- Determinar cuánto de ese dinero aún permanece contigo ya sea en efectivo, inversiones o en forma de cosas materiales

Que vamos a necesitar:
- Recibos de pagos de tus salarios
- Declaraciones de impuestos o renta
- Certificados de ingresos anuales
- Extractos Bancarios
- Préstamos
- Ganancias de inversiones
- Ingresos no declarados en impuestos
- Cualquier registro de ingresos adicionales que tengas

Qué ganarás:
- Abrirte los ojos sobre cuánto dinero ha pasado por tus manos. Si no sabes cuánto dinero has ganado a lo largo de tu vida, menos vas a saber cuánto podrías llegar a ganar en el futuro.
- Enfrentarte a tus creencias limitantes como que no puedes ganar suficiente dinero o que nunca podrás llegar a una cantidad determinada de dinero
- Al ver cuánto dinero ha pasado por tus manos, ves la realidad y te das cuenta que no es imposible esa cifra ni ninguna otra, aumentas tu nivel de consciencia y tu confianza en tu capacidad de generar dinero

Ejercicio 1: La Abundancia que ha pasado por tus manos

1. Establece el año en que empezaste tu vida productiva o desde el cual por primera vez ganaste por ti mismo dinero al intercambiar tu tiempo. Haz una lista desde ese año hasta el año actual. Puedes hacer una tabla de 2 columnas donde la primera columna es el año y la segunda columna tus ingresos brutos en dicho año

Año	Ingresos Brutos

2. Busca tus volantes de pago para saber cuál era tu salario en ese año. Si no tienes los volantes o recibos de pago de tu empleador o eras independiente, intenta buscar certificados de ingresos anuales, declaraciones de renta,

extractos bancarios o donde sea, cuanto cobraste en ese año en total. Si cobrabas mensualmente, entonces suma tus salarios de ese entonces para establecer cuánto gastaste en total ese año. En caso que no tengas registro alguno, no nos queda de otra que intentar acordarnos cuánto cobrabas al mes y multiplicar por 12 meses. Si no tenías un ingreso fijo mensual y algunos meses cobrabas y otros no, simplemente trata de poner un aproximado del total de tus ingresos en ese año. No descuentes aquí la seguridad social, ni lo que te retenían ni nada. Queremos el total de ingresos brutos sin ningún descuento.

3. Llena la tabla colocando al frente de cada año de vida laboral, los ingresos brutos que obtuviste y suma el total. Por ejemplo:

Año	Ingresos Brutos
2008	$2,270
2009	$1,135
2010	$7,351
2011	$8,324
2012	$9,174
2013	$11,089
2014	$13,894
2015	$16,199
2016	$19,211
2017	$22,033
2018	$19,508
2019	$30,786
2020	$17,973
TOTAL	**$178,948**

Te repito, no tiene que ser exacto ni perfecto, solo hazlo a conciencia. Si en algún año tuviste algún ingreso extra, te ganaste la lotería, una herencia, o un regalo cuantioso, inclúyelo. Si quieres incluir el dinero que recuerdas que ganaste desde el colegio vendiendo dulces, lo puedes hacer, no es necesario, pero tú decides. Lo importante es llegar a la cifra del total de dinero que ha pasado por tus manos.

¿Cómo te sientes al ver esa cantidad de dinero que ha pasado por tus manos? ¿Habías pensado alguna vez que todo ese dinero había pasado por tus manos? ¿Fue una sorpresa ver esa cantidad?

Seguramente si nunca habías hecho un ejercicio similar, será una sorpresa agradable ver que si eres capaz de generar una cantidad de ese tamaño. No hay una cifra mala o buena en este ejercicio. La cifra es para cada persona y ya. El objetivo solamente es que veas la cantidad de dinero que ha pasado por tus manos, que has generado, y así pongas en contraste creencias limitantes como que tú nunca vas a poder tener 10.000 dólares o que nunca serás capaz de librarte de tu empleo.

Ejercicio 2: Cuanto conservas de esa Abundancia

1. Determina ahora todo lo que tienes (por el momento vamos a llamarle ACTIVOS), y ponles un valor comercial aproximado. Incluye aquí tu casa o apartamento si tienes, carros, motos, dinero en el banco, dinero en inversiones, ropa, camas, sofás, televisores, smartphones, libros, activos digitales, todo lo que tengas.

   Puede ser complejo determinar el valor comercial de lo que posees, así que intenta pensar en que, si tuvieras que vender el artículo hoy, porque necesitas urgente y rápido el dinero, cuánto pedirías por él. Puedes ir a portales reconocidos de ventas de artículos de segunda mano como OLX o Mercadolibre y buscar tu artículo o similares y ver en cuanto se están vendiendo. Trata de ser muy objetivo en este punto e irte siempre por lo bajo; es decir puede que tu TV de 70 pulgadas te haya costado 2000 dólares hace 2 años, pero si hoy el mismo TV nuevo ya vale 1200 dólares, pues el tuyo usado deberás venderlo por mucho menos de los 1200 así te haya costado 2000. Con la ropa puedes ponerle un valor de venta a todas las camisetas, y multiplicarlo por el número de camisetas que tengas.

Ejemplo:

ACTIVOS	VALOR
Apartamento	$50,000
Carro	$7,297
Banco	$1,081
Fondos e inversiones	$0
Tecnología	$2,554
Libros	$135
Escritorios y Muebles	$270
Ropa	$676
Sofás y Camas	$541
Otros	$270
TOTAL ACTIVOS	**$62,824**

2. Vamos a hacer lo mismo para todo lo que debes (por el momento vamos a llamarlos PASIVOS). Lista todas las deudas que tengas al día de hoy como si hoy mismo las fueras a pagar todas. Lo que nos interesa en este punto es el saldo total de cada deuda, no la cuota mensual que pagas. En los extractos de la deuda podrás encontrar el saldo. Incluye aquí no solo las deudas con entidades financieras, como hipotecas, tarjetas de crédito, préstamos, sino también deudas de dinero que tengas con familia, amigos, todo lo que debas. No importa si estás o no pagando intereses o si la otra persona no te está afanando por que le pagues, lista la deuda.

Ejemplo:

PASIVOS	VALOR
Hipoteca Apartamento	$24,324
Carro	$3,213
Préstamo Bancario	$2,515
Tarjetas de Crédito	$2,247
Préstamo familiar	$300
Deuda Smartphone	$245

TOTAL ACTIVOS	$32,844

3. Calcula tu PATRIMONIO restando de tus ACTIVOS los PASIVOS

   Ejemplo:

   TOTAL ACTIVOS: $62,824

   TOTAL PASIVOS: $32,844

   PATRIMONIO: $29,980

4. Finalmente calcula tu patrimonio sobre tus ingresos de toda la vida como un porcentaje

   Ejemplo:

   INGRESOS: $178,947

   PATRIMONIO: $29,980

   PATRIMONIO / INGRESOS =   16,75%

Este porcentaje lo que nos dirá es de todo el dinero que ha pasado por tus manos, cuanto realmente conservas al día de hoy.

Nota: Si de pronto te regalaron un carro, un apartamento o una cantidad considerable de dinero, estos pueden estar afectando este cálculo, pues no fue dinero que tu generaste. En ese caso puedes sumar esa misma cantidad al total de ingresos simulando que si trabajaste por ese dinero.

¿Qué tal el ejercicio 2? ¿Qué porcentaje te dieron tus cifras? ¿Te pareció muy bajo o sorprendentemente alto? No nos vamos a preocupar mucho por el porcentaje en este momento, pero si lo tendremos como referencia para más adelante. Sin embargo, si quieres compararte, en mucha bibliografía de finanzas personales dice que uno debe aprender a vivir con menos del

70% de sus ingresos para poder ahorrar e invertir el otro 30%, así que, en teoría, deberías tener al menos el 30% de todo lo que has ganado en activos e inversiones. Pero es solo un dato.

Obviamente tenemos un contraste de emociones. Lo más probable es que te hayas sentido muy bien con la cifra del ejercicio 1 pero no tan bien con la del ejercicio 2. Ojalá no sea tu caso, pero sí el de la mayoría de personas. Esto sucede porque nunca hemos tomado el mando de nuestras finanzas, ni nos habíamos preocupado por nuestra inteligencia financiera como ahora. ¿Consideras que ha pasado mucho dinero por tus manos del cual hoy conservas menos de lo que deberías? ¿has desperdiciado tu abundancia?

La conclusión aquí es que tenemos muchas creencias sobre el dinero y sobre nuestra capacidad de generar dinero, que debemos empezar a cuestionar, evaluar qué tan ciertas y relevantes son hoy en día en este momento de nuestras vidas y además, que tenemos mucho trabajo por delante para mejorar nuestras finanzas, las cuales nos van a permitir enviar nuestro empleo al carajo sin afectarnos tanto económicamente.

Resumen del Capítulo 7

- En términos de tiempo, una persona pobre es aquella que necesita vender su tiempo a cambio de dinero para poder sostenerse y cubrir sus obligaciones. Por el contrario, una persona rica sería aquella que no necesita intercambiar su tiempo por dinero ya que el dinero trabaja para ella.

- El dinero no puede comprar tiempo, esto hace al tiempo algo supremamente importante e invaluable para nuestras vidas.

- Al ver cuánto dinero ha pasado por nuestras manos durante toda nuestra vida, podemos cuestionar creencias limitantes que tenemos frente al dinero y frente a nuestra capacidad para generarlo. Incluso puede ayudarnos a subir nuestra autoestima

- El porcentaje de patrimonio sobre ingresos nos muestra que tanto de todo el dinero que ha pasado por nuestras manos aún lo conservamos ya sea en forma de bienes o de dinero. Esta cifra nos ayuda a darnos cuenta cómo hemos administrado el dinero hasta ahora.

8. ¿Realmente ganas lo que dice tu boleta de pago?

Tu empleo te cuesta más de lo que crees

¿Te has preguntado alguna vez qué es el dinero? Obviamente existen muchas definiciones desde diferentes áreas de conocimiento. El dinero es un medio para intercambiar productos y servicios; el dinero es una medición del valor de las cosas y todas esas definiciones están bien. Todos entendemos para qué sirve el dinero, cuál es su fin. Sin embargo, ninguna de esas definiciones nos ha motivado a querer desarrollar nuestra inteligencia financiera. Son definiciones que, aunque correctas, no nos ayudan a crear una relación con el dinero, no nos invitan a valorarlo.

Sin embargo, hay una definición de dinero que si es mucho más empoderante e incluso inquietante y que si nos pone a pensar en la forma como lo ganamos, como lo gastamos y cómo lo valoramos. Esta definición es la que dan Vicki Robin y Joe Dominguez en su libro Your Money or Your Life (El dinero o la vida). Los autores definen el dinero así: "***El dinero es algo por lo que intercambias tu energía vital***". ¿Habías escuchado alguna vez una definición así sobre el dinero? Parece muy filosófica, pero si nos detenemos a analizar un poco tiene todo el sentido del mundo y está muy acorde a nuestro concepto sobre que el tiempo es lo único que el dinero no puede comprar. Vendemos nuestro tiempo a cambio de dinero.

El Dinero es algo por lo que intercambias tu energía vital

Joe Dominguez

El dinero representa tu tiempo de vida

Si el dinero es algo por lo que cambiamos tiempo de vida, significa esto que el dinero no es cualquier cosa. Pero lo realmente inquietante de esta definición está en cómo gastamos nuestro dinero. Si tuviste que trabajar 10 horas en tu horrible empleo para ganar 50 dólares, quiere decir que cambiaste 10 horas de tu vida, que pudiste destinar a hacer algo más placentero o algo que disfrutas más, solo por ganar esos 50 dólares. Y luego el fin de semana, por la frustración que te produce tu horrible empleo, vas y te compras algo que usas una o dos veces y luego guardas en un cajón para el olvido. Felicidades, gastaste 10 horas de tu tiempo en este planeta para comprar algo que no necesitabas.

Qué tal si vieras que ese vestido que compraste el año pasado y que solo has usado 2 veces, te costó 40 horas de tu vida. Qué tal si vieras que aquellos zapatos tan bonitos pero que te aprietan horrible en los pies y por eso casi no los usas, te costaron 25 horas de tu vida. Qué tal si vieras que ese

87

videojuego que compraste porque estaba en promoción y que nunca juegas, te costó 20 horas de tu vida. Qué tal si vieras que tu smartphone que cada año cambias para estar a la moda, te cuesta 150 horas de tu vida. Si vemos lo que nos cuestan las cosas que compramos con nuestro propio tiempo de vida, algo cambia dentro de nosotros. Como que empezamos a evaluar de una forma diferente en que invertir nuestro tiempo de vida.

Imagina que trabajas toda la semana en tu horrible empleo. Intercambiaste 50 horas o más de tu vida por ¼ de tu salario. Y luego el fin de semana, con la necesidad de disminuir la frustración que te genera estar en ese empleo, vas al centro comercial y te gastas ese ¼ de tu salario en ropa de marca, teniendo el closet ya lleno de ropa de marca casi nueva. Acabas de desperdiciar 50 o más horas de vida en una sola compra solo por disminuir una frustración que el lunes estará otra vez igual que antes del fin de semana o peor. El ejemplo se puede usar con cualquier cosa. Vas y compras con la tarjeta de crédito un TV de 70 pulgadas y gastas en él el equivalente a tu salario, teniendo ya en casa otros 2 televisores buenos. Si trabajas 200 horas al mes, pues tu nuevo TV (que realmente no necesitabas) te terminó costando 200 horas de tu vida, de hecho, te costó más porque si lo compraste con tarjeta de crédito a varias cuotas, debes convertir los intereses en horas de vida.

¿Quiere decir esto que es que toca volverse un tacaño y no comprar nada? ¡¡NOOOOOO!!, por supuesto que no. El mensaje es que seas consciente de en qué y cómo gastas tu dinero, porque lo que realmente estás gastando es tu tiempo de vida. Si ese TV de 70 pulgadas es lo que quieres y lo necesitas, está bien, cómpralo. Las horas de vida que te cueste valdrán la pena. Pero si vas a comprarlo para desconectar el TV viejo, que está perfecto solo que es más pequeño, y dejarlo guardado por allí, pues es mejor reflexionar un poco si vale la pena gastar esas horas de vida en un capricho.

Todos somos distintos y el valor que le damos a las cosas también lo es. Puede que para alguien sea un desperdicio comprar una bicicleta cuando nunca la usa, mientras que para otra persona que disfruta sentir el aire en su rostro y ver los paisajes, el haber gastado horas de su vida para comprar esa bicicleta, que le produce tanto bienestar, sea la mejor inversión del mundo. Deja la creencia que al organizarse financieramente uno se vuelve un tacaño que no disfruta la vida. Por el contrario, la vas a disfrutar mucho más porque al ser más consciente, gastas menos en lo que no necesitas para destinar más a lo que sí necesitas y si te da satisfacción y alegría.

Lo que realmente ganas con tu empleo

Durante mi último horrible empleo y como buen empleado que no tiene idea de emprender, solo podía ver como una posible salida, conseguir otro empleo. Al comienzo y debido a mi título de maestría muchos reclutadores decían que yo estaba sobrecalificado para el puesto y que el salario que ofrecían no iba a servirme. Recuerdo también que rechacé un par de trabajos porque el salario era como la mitad de lo que me pagaban en mi horrible empleo. También recuerdo que al final me importaba tan poco bajarme de sueldo que estaba buscando lo que saliera con tal de salir de esa empresa, pero ya nadie me ofrecía nada.

El punto es que yo en ese tiempo, al igual que la mayoría de las personas, evaluamos los empleos por el salario que pagan. Ese era el criterio primordial para tomar la decisión de cambiar o no de empleo, pero pocas veces evaluamos lo que nos cuesta económicamente el empleo donde estamos y mucho menos lo que tenemos que gastar para poder ir todos los días a ese empleo. Y esto hablando solo del costo económico totalmente medible, ni que decir lo que nos cuenta emocionalmente un empleo frustrante.

Tomemos mi ejemplo para explicar este tema. Mi salario era de unos 1500 dólares mensuales. Yo trabajaba de lunes a viernes 9 horas al día de las cuales tenía 1 hora de almuerzo que la empresa me daba gratis. Algunas ocasiones debía atender casos por fuera de mi horario laboral, algunos fines de semana o quedarme en la oficina después de la hora de salida. Digamos que trabajaba unas 50 horas a la semana. Yo prefería irme en mi carro a trabajar todos los días. No teníamos uniforme, así que debía usar mi propia ropa. Por otro lado, la frustración y depresión que me generaba ese empleo me inducía a que cada fin de semana yo necesitara salir a cenar con mi esposa, ir a cine, buscar escapadas en un hotel para desconectarse de la realidad y sobre todo comprar videojuegos para entretenerme y al menos por el fin de semana olvidarme de mi empleo. También recuerdo que me enfermaba constantemente, me mantenía con dolor de cabeza, lo que me implicaba gastos médicos y medicamentos.

Convirtamos todo lo anterior en cifras para verlo más claro.

Empleo	Dólares al Mes
Salario	**$1,500**
Gastos Añadidos para mantener el empleo	
Viajar al trabajo en Carro	$95
Ropa	$32
Comida en el trabajo	$22
Enfermedades por el trabajo	$19
Entretenimiento	$108
Evasión de la realidad y Desconexión	$149
Total Gastos para Mantener el empleo	**$424**
Salario - Gastos Añadidos	**$1,076**

Lo que muestra este cuadro es que, de mi salario mensual, yo debía tomar 424 dólares solamente en mantener ese empleo. Viajar en mi carro al empleo me implicaba al mes unos 95 dólares mensuales juntando gasolina, mantenimientos, lavada, repuestos, etc. Como no me daban uniforme, yo debía de comprar ropa apta para ir a trabajar; eso en promedio eran unos 32 dólares al mes. A pesar que la empresa me regalaba el almuerzo, yo me mantenía en la cafetería comiendo cualquier merienda con tal de no estar en mi puesto de trabajo mucho tiempo seguido porque los problemas me abrumaban; esa gracia me costaba 22 dólares al mes. También constantemente tenía dolor de cabeza y recuerdo que tomaba 2 o 3 analgésicos diarios y eso me costaba unos 19 dólares al mes. Mi horrible empleo hacía que el fin de semana yo no tuviera ganas de hacer nada. Así que eran salidas a cine, a desayunar por fuera, almorzar por fuera, a cenar por fuera, sábados y domingos. También salía a comprar ropa de marca, como para sentirme "alguien en la vida" y videojuegos para intentar distraer mi depresión. En total, todas estas actividades que me generaba mi empleo costaban 424 dólares al mes. Es decir que realmente de los 1500 dólares ese empleo yo me queda con 1076.

Pero allí no termina todo. Recuerda que el dinero representa el tiempo de vida que has intercambiado por él. Resulta que cada uno de esos gastos añadidos no solo tiene un valor en dinero, sino que yo tuve que destinarles unas horas de mi vida para poder atenderlos. Viajar en carro al trabajo no solo me costaba 95 dólares al mes, también me costaba 2 horas diarias de mi vida y recuerda que tu cambias tiempo por dinero, o sea que una cantidad de dinero equivale a una cantidad de tu tiempo.

Para hacer este cálculo, empecemos por lo básico, nuestro salario mensual y las horas que debes trabajar al mes. Lo siguiente igual aplica si te pagan semanal o quincenal o semestral. Solamente ajustas el cálculo a la unidad de tiempo de tu salario. Mi salario mensual era de 1500 dólares y yo trabajaba 50 horas a la semana. Si el mes tiene 4.3 semanas, entonces yo trabajaba 215 horas al mes. Por consiguiente, el valor de una hora era de 1500/215 = 7 dólares la hora. Es decir que, en ese entonces, con ese único ingreso, 1 hora de mi vida, equivalía a 7 dólares.

Volvamos a la tabla de los gastos añadidos del empleo y ahora escribamos cuantas horas destinamos a cada actividad

Empleo	Dólares al Mes	Horas Mes	Salario por Hora
Salario	**$1,500**	**215**	**$7.0**
Gastos Añadidos			
Viajar al trabajo en Carro	$95	43.3	
Ropa	$32	4	
Comida en el trabajo	$22	21.65	
Enfermedades por el trabajo	$19	5	

Entretenimiento	$108	6	
Evasión de la realidad y Desconexión	$149	10	
Total Gastos añadidos	**$424**	**89.95**	
Salario - Gastos Añadidos	**$1,076**	**304.95**	**$3.5**

Veamos cómo todos esos gastos añadidos para mantener ese trabajo me implicaban 90 horas de mi tiempo al mes. Es decir que yo ya no destinaba 215 horas a mi empleo, sino que realmente estaba destinando en total 305 horas al sumar todas las actividades extra que este empleo me generaba.

Mientras por un lado las actividades extras disminuían el dinero que me dejaba mi empleo, por el otro lado aumentaban el tiempo que yo tenía que dedicar a mantener ese empleo. Haciendo un cálculo muy ácido, es decir, pesimista y simple, si a mí al final me quedaban solo 1076 dólares libres de mi empleo y tenía que invertir 305 horas al mes en todas las actividades que implicaba dicho empleo, pues realmente mi salario por hora no era 7 dólares sino, 3.5 dólares (1076/305 = 3.5).

¿Sabes lo que eso significa? Primero que me estuve aguantando mi horrible empleo porque pensaba que ganaba 7 dólares la hora, cuando realmente solo me ganaba 3.5 dólares la hora. Y segundo y más importante, que rechacé trabajos donde me pagaban 900 y 1000 dólares mensuales porque pensaba que los salarios eran muy inferiores a los 1500 que me gana en mi horrible empleo, cuando en realidad si esos trabajos de menos salario no me implican las actividades añadidas ni las horas extras, el salario por hora era mayor. Si alguno de esos empleos solo me implicara trabajar las 215 horas al mes, al final yo hubiera ganado más dinero en ellos que con mi horrible empleo de 1500 dólares (900/215 = 4.2 dólares la hora y 1000/215 = 4.65 dólares la hora).

¿Qué tal descubrir esto? ¿ha sido revelador para ti? ¿Te hace sentido? Más allá de la exactitud para calcular el costo de las actividades añadidas por tu empleo o saber exactamente el costo por hora que te están pagando, este ejercicio ayuda mucho a relevar el tiempo de vida que estás invirtiendo en mantener ese

horrible empleo. El tiempo es más importante porque tiene que ver con la calidad de tu vida y la de los tuyos.

Mi esposa trabaja en una fábrica que está lejos de la ciudad donde vivimos. El viaje de la casa hacia la planta en el autobús de la empresa le tomaba 1.5 horas a la madrugada, sin tráfico mientras que el viaje de regreso eran 2.5 horas porque le tocaba hora pico del tráfico en la ciudad. En total ella al día pasaba 4 horas en el autobús de la empresa, por 4 días a la semana. Eso significaba que a la semana ella estaba 16 horas en ese autobús, al mes eran 68.8 horas metida en ese autobús y al año eran 825.6 horas de su vida en ese autobús. Cuando dividimos 825.6 entre las 24 horas que tiene un día, la cifra fue brutal. Mi esposa pasaba 34.4 días del año viajando en ese autobús. 34.4 días. Más de un mes del año se la pasaba metida en ese autobús. Solo con eso ya su salario por hora era muchísimo menos de lo que inicialmente creíamos, pero más importante aún fue descubrir cómo, mantener ese empleo le significa destinar 1 mes de cada año metida en un autobús, ¡¡UN MES COMPLETO!!!. Si a ti te dijeran cuando firmas el contrato laboral que aparte de trabajar el tiempo reglamentario por tu salario, vas a tener que destinar un mes de cada uno de tus años, un mes de tu tiempo libre en un autobús, creo que más de uno lo reconsideraría seriamente. Es que es nuestro tiempo de vida del que estamos hablando.

Volviendo al tema que el dinero representa nuestro tiempo de vida, el mensaje que quiero dejarte con este capítulo es que no seas esclavo de cosas que no necesitas. Entre más creas que necesitas cosas materiales, menos libertad tienes porque te toca gastar más de tu tiempo de vida trabajando para ganar dinero y poder comprártelas. Repito, no es un llamado a la pobreza ni a la tacañería, es un llamado a ser más conscientes. Más conscientes de que lo que gastamos no es dinero sino tiempo de vida. Más conscientes de que la felicidad que buscamos no está en el exterior, en las cosas materiales (que nos pueden dar mucha satisfacción) sino dentro de nosotros al descubrir y vivir nuestro ideal de vida. Más conscientes que no se trata de tener más cosas, sino de tener el mayor tiempo posible para que vivas tu vida haciendo lo que te haga realmente feliz.

Ejercicio del capítulo 8: Cuánto ganas realmente

1. Calcula cuánto realmente ganas con tu empleo actual siguiendo el ejemplo dado en este capítulo. Si es tanto como esperabas o si los gastos añadidos para mantenerlo están acabando con tus ganancias.

   Más que llegar a una cifra exacta es muy importante que puedas determinar cuánto tiempo adicional te está quitando el mantener tu empleo actual. Ten presente el hallazgo de mi esposa que pasaba 1 mes completo al año en un autobús. Ese tipo de hallazgos es lo más importante. No te preocupes mucho por incluir todos los gastos añadidos. Incluye solo los más importantes y relevantes para ti. Si no estás seguro si tu empleo te hace gastar dinero en desconectarte, o si no sientes que tus momentos de ocio sean producto de la frustración de tu empleo y no sabes cómo calcularlos, no los incluyas, no hay problema.

2. Date un regalo de 20 minutos y ve estos dos videos de Pepe Mujica, el pensador y político uruguayo e interioriza y reflexiona sobre sus palabras. El primer video lo encuentras aquí www.youtube.com/watch?v=tcADPhlribY y se llama "Pepe Mujica - Discurso inolvidable en Río 20" y el segundo video lo encuentras aquí www.youtube.com/watch?v=WR0WBXXXwI0 y se llama "El Valor de la Libertad - Jose Pepe Mujica". Son videos que seguro cambiarán en algo tu forma de ver las cosas y te darán una nueva perspectiva.

Resumen del capítulo 8:

- El dinero es algo por lo que intercambias tu tiempo de vida. Vendemos nuestro tiempo a cambio de dinero

- Cuando entendemos que el dinero representa un tiempo de vida que hemos intercambiado por él, somos más conscientes a la hora de gastar ese dinero, pues no vale la

pena gastar nuestro tiempo de vida en cosas inútiles que no nos harán felices.

- La inteligencia financiera y la administración del dinero no son para que te vuelvas un tacaño ni avaro. Esas son creencias y miedos que nos trata de crear el ego para evitar que salgamos de la zona conocida. Lo que buscamos con la inteligencia financiera es poder invertir nuestro tiempo de vida de la mejor manera posible en pro de nuestra felicidad. Lo que dejas de gastar en cosas inútiles lo podrás invertir en cosas que te hagan más feliz.

- El salario que cobras en tu boleta de pago realmente no es esa cifra. Debemos restarle los gastos añadidos que tienes para mantener ese empleo (transporte, alimentación, ropa, desconexión, entretenimiento, vacaciones, etc. Y no solo eso, sino además el tiempo que debes destinar a estos gastos añadidos

- El ejercicio de este capítulo es supremamente útil al momento de comparar entre 2 empleos. Si un empleo te ofrece un gran salario, pero te toca viajar todos los días en tu carro por más de 1 hora, posiblemente un empleo con menos salario, pero al cual puedas ir caminando por la cercanía, sea más rentable para ti.

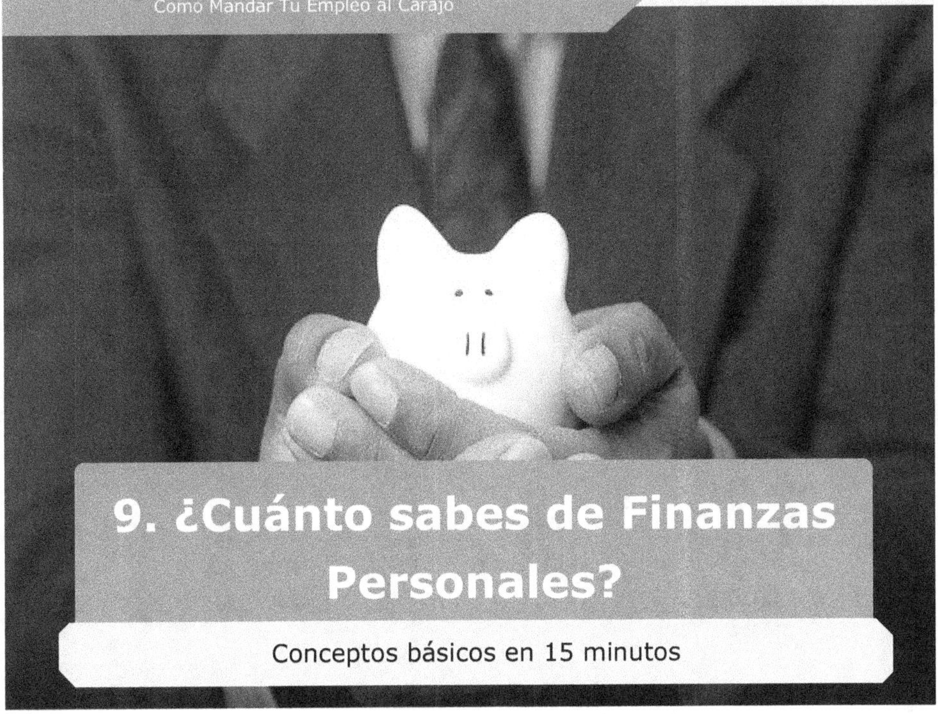

9. ¿Cuánto sabes de Finanzas Personales?

Conceptos básicos en 15 minutos

En este capítulo ya vamos a adentrarnos en el tema de finanzas personales y cómo controlar tu dinero, voy a explicarte rápida y concisamente los conceptos fundamentales.

Activo:

Según Robert Kiyosaki y en verdad es la definición más simple y poderosa que hay, un activo es todo aquello que pone dinero en nuestro bolsillo.

Pasivo:

Contrario a los activos, un pasivo es todo aquello que saca dinero de nuestro bolsillo.

Ejemplo: Intenta clasificar cuáles de los siguientes son activos y cuáles pasivos.

Podríamos pensar que las casas, el carro, los ahorros y las inversiones son activos, mientras que los hijos, las mascotas y las tarjetas de crédito son pasivos. Sin embargo, y como muchas cosas en la vida, depende. Si vamos a la definición de Kiyosaki, las casas, el carro y las inversiones serían Activos solo si ponen dinero en nuestro bolsillo en vez de sacarlo. Si por ejemplo vives en una casa propia y no rentas ningún cuarto ni recibes ingresos de ningún tipo por ella, esa casa no pone dinero en tu bolsillo, por el contrario, te saca dinero cuando tienes que pagar impuestos por ella o cuando hay que hacerle alguna reparación. La casa donde tú vives es un pasivo (así el banco diga lo contrario). En cambio, si tienes una casa y la rentas, los ingresos que recibes por el alquiler es dinero que si entra a tu bolsillo; En ese caso esa casa si es un activo.

Lo mismo aplica con el carro. Si es tu carro personal, ese carro solo saca dinero de tu bolsillo. Debes pagar gasolina, lavada, mantenimientos, etc. Por el contrario, si usas tu carro para trabajar en plataformas como Uber, generarían ingresos con él y si dichos ingresos superan los gastos, tu carro es un activo, pues pone dinero en tu bolsillo.

Las inversiones pueden parecer un activo con toda seguridad, pero si tus inversiones pierden dinero constantemente, te están sacando dinero de tu bolsillo y pueden convertirse en pasivos. Los hijos y las mascotas pueden parecer un pasivo, pero si tu hijo se vuelve la estrella de un comercial de juguetes y gana dinero como modelo pues la cosa cambia. Lo mismo si tu perro es un campeón que mantiene ganando competencias de canes y genera ingresos para tu bolsillo.

Doodads:

Posesiones materiales en las que gastamos nuestro dinero y que son realmente responsabilidades. Este concepto lo introdujo Kiyosaki para clasificar un poco mejor aquellas cosas que comúnmente se consideran ACTIVOS pero que en realidad son PASIVOS como la casa donde vivimos o nuestro carro de uso personal. La palabra no tiene una traducción clara al español, pero vendría siendo algo así como lujos. ¿Cuál es el consejo que nos da Padre Rico Padre Pobre? Comprar ACTIVOS antes que comprar DOODADS y antes de tener gastos.

Ingresos Pasivos:

Son dineros que ingresan a tu bolsillo sin que tu tengas que mover un dedo para ganarlos. Es decir, es dinero que ganas sin tener que vender tu tiempo de vida por ellos. El ejemplo más común es cuando tienen una casa en alquiler. La persona que habita la casa mes a mes te paga un dinero sin que tú hayas tenido que trabajar (intercambiar tu tiempo) por él. Pudiste pasar todo el mes sentado en el sofá viendo series que igual ese dinero llega a tu bolsillo. Existen otros ejemplos como tener dinero en un fondo de inversión que mes a mes genera una rentabilidad sin que tu muevas un dedo. O prestar dinero a personas o empresas y recibir intereses periódicamente por ese dinero.

El secreto para dejar de ser pobre está en los ingresos pasivos. Pues son aquellos que meten dinero a tu bolsillo sin que tu tengas que vender tu tiempo.

Libertad Financiera:

La libertad financiera sucede cuando tus ingresos pasivos igualan o superan tus gastos. Es decir, que el dinero que entra a tu bolsillo y por el cual literalmente no tuviste que mover un dedo para ganarlo, te alcanza para cubrir todos tus gastos y obligaciones. Ya no tienes que volver a intercambiar tu tiempo por dinero y puedes dedicarte a hacer lo que te gusta, lo que te hace feliz, crecer como persona, con la tranquilidad que todas tus obligaciones están cubiertas por tus ingresos pasivos.

¿La libertad financiera te suena algo imposible o una fantasía irreal o lejana para ti? Si tu respuesta es sí, ¿sabes por qué te parece tan inalcanzable? Sencillo, si no puedes responder concretamente a alguna de las siguientes preguntas, allí está el por qué la libertad financiera se te hace tan inalcanzable:

- ¿Sabes cuánto dinero ganas al mes?

- ¿Sabes cuánto dinero gastas o necesitas al mes para cubrir tus obligaciones?

- ¿Sabes cuánto dinero ahorras en el mes?

Generalmente la segunda pregunta es la más compleja de responder para la mayoría, pero hay personas que no pueden responder ninguna de las tres. Como no vas a ver la libertad financiera como algo inalcanzable si ni siquiera sabes cuánto dinero necesitas para cubrir tus obligaciones y tus gastos al mes. Peor aún si no sabes cuánto ganas ni cuánto ahorras. Recuerda que la libertad financiera se logra cuando nuestros ingresos pasivos igualan o superan nuestros gastos y obligaciones. Si ni siquiera sabes a cuánto equivalen tus gastos y obligaciones pues no tienes la meta a la que tienen que llegar tus ingresos pasivos. Y sin una meta tu cerebro no es capaz de enfocar esfuerzos, se dispersa. Sin una meta todo queda como un deseo para algún día, día que nunca llegará.

Muy diferente será cuando digas, yo necesito $2.000 dólares mensuales para cubrir mis gastos y obligaciones. Es decir que para lograr tu libertad financiera necesitas ingresos pasivos iguales o mayores a $2.000 dólares. ¡Ya tienes una meta! ya tienes el destino, el norte, la luz hacia donde tienes que ir. Y aunque tener la meta no te hace libre financieramente, sí le da enfoque a tu mente.

Mira este ejemplo: Al saber que necesitas $2.000 dólares mensuales, tu mente puede pensar cosas como, que en un fondo de inversión con una rentabilidad promedio del 10% efectiva anual (es decir que al año tu dinero habrá ganado el 10%), necesitas poner una cantidad igual a $250.815 dólares para que mensualmente se generen de forma pasiva $2.000 dólares, los cuales retiras para cubrir tus gastos y obligaciones y tu saldo en el fondo de inversión vuelve a ser $250.815 y en el siguiente mes generarán unos nuevos $2.000 dólares que podrás retirar. Si, yo sé que el problema ahora es cómo conseguir los $250.815 dólares. Pero así no los tengas, créeme que ya has ganado mucho terreno hacia tu libertad financiera, ya conoces la meta y las submetas. Si ya sabes cómo vas a generar los $2.000 dólares mensuales de forma pasiva, ahora tu mente se puede enfocar en conseguir los $250.815. Con tu salario actual ¿cómo te podrías organizarte para ahorrar una cantidad fija al mes? ¿Qué cosas inútiles en buen estado podrías vender y conseguir algún dinero extra? ¿Podrías conseguir otro empleo? ¿Quizás empezar un negocio casero por internet? Todas esas preguntas se las empieza a hacer tu mente cuando le das la meta, cuando está enfocada. ¿No te parece curioso todo lo que se desata con solo saber cuánto necesitas para cubrir tus gastos y obligaciones al mes?

Deuda:

Viene del latín *dehibere* que se traduce como *"Tener sin tener"*. Existen 2 tipos de deuda:

- **Deuda mala**: La que todos conocemos y la única que nos enseñaron. Son dineros que se piden prestados para ser utilizados en gastos como vacaciones, ropa, comida, electrónica, etc. Ejemplo: Quiero ya un TV de 80 pulgadas que está supuestamente en promoción solo por hoy y como no tengo el dinero, lo compro con mi tarjeta de crédito a 36 cuotas (Tener sin tener)

- **Deuda buena**: La que nunca nos enseñaron. Son dineros que se piden prestados para invertir. Si las ganancias de la inversión superan la cuota de la deuda, entonces es una deuda buena. Por ejemplo, pido una hipoteca al banco para comprar un apartamento que voy a rentar. Si la renta del apartamento cubre la hipoteca y gastos y me deja algo de dinero para mí, es una deuda buena.

El objetivo es tener cero deudas malas y si tener algunas deudas buenas que nos permitan adquirir activos que metan dinero a nuestro bolsillo. Tal como acabas de leer, CERO deudas malas. Si ya lo cumpliste, felicitaciones de verdad, tu objetivo ahora es no volver a caer en ellas. Si tienes deudas en este momento, ¿Sabes todo lo que debes? Más importante aún ¿Sabes cuánto terminarás pagando en total (saldo más intereses) por todas tus deudas? Puede que incluso termines pagando el doble o el triple de lo que prestaste inicialmente y no te has dado cuenta.

La fórmula de la inteligencia financiera:

Es realmente simple. Tus ingresos deben ser mayores a tus egresos. Por más lógico que parezca, hay personas cuyos ingresos no les alcanza para cubrir sus gastos y obligaciones. Deben pedir prestado mes a mes o usar la tarjeta de crédito para poder pagar. Y esto es un ciclo que te va hundiendo cada vez más en la pobreza. Si no sabes cuánto dinero necesitas al mes para cubrir tus obligaciones y gastos, ¿cómo puedes asegurar que estás cumpliendo la fórmula de la inteligencia financiera mes a mes? Es muy importante que empieces a medir tus finanzas. **Lo que no se mide no se controla** dice un principio básico del mejoramiento continuo.

Las preguntas clave que debes hacerte respecto a la fórmula de la inteligencia financiera son:

- ¿Sabes exactamente cuánto dinero te ingresa en el mes?
- ¿Conoces los conceptos por los que te ingresa ese dinero?
- ¿Sabes exactamente cuánto dinero gastas en el mes?
- ¿Conoces los conceptos en los que gastas ese dinero?

No te preocupes, en los siguientes capítulos volveremos a ellas y tendrás las metodologías para poder responderlas fácilmente.

La regla 10-20-70:

Esta regla dice lo siguiente: El 10% de tus ingresos es para pagarte primero a ti mismo antes que a nadie, es decir apenas recibas tus ingresos, deberás separar el 10% de ellos e inicialmente ahorrarlos. El 20% de tus ingresos debe ser destinado a pagar deudas. Finalmente debes lograr vivir con el 70% de tus ingresos, es decir será lo destinado a tus gastos y sostenimiento de tu estilo de vida.

Cuando te adentres mucho más en las finanzas personales y aumentes tu inteligencia financiera descubrirás que no todo es tan rígido, que no hay una sola regla que funcione para todo el mundo, que todo esto es un proceso que debes interiorizar y adaptar acorde a tu vida y a tus situaciones. Sin embargo, para iniciar, la regla 10-20-70 es bastante reveladora y a la vez

sencilla. Nos brinda un marco de comparación para saber por dónde podemos empezar a corregir fallas.

Esta regla nos dice:

- Debes ahorrar mínimo el 10% de tus ingresos. Este dinero no se gasta. Su único destino es invertirlo para generar más dinero

- Si tu deuda mala está en menos del 10% de tus ingresos, estás bien. Si está entre el 10% y el 30% cuidado y si es superior al 30% de tus ingresos, ya es una alerta roja.

- Si tu deuda es inferior al 20% de tus ingresos, el restante lo abonas al capital de tus deudas para pagarlas más rápido. De esta manera, una vez que no tengas deudas, te debes pagar a ti mismo el 30% de tus ingresos.

- Si tus deudas son muy grandes, antes de dejar de pagarte a ti mismo el 10% de tus ingresos, debes tratar de modificar tu estilo de vida y vivir con menos del 70% de tus ingresos para así poder abonar y terminar más rápido con tus deudas.

Con estos conceptos básicos es que trabajaremos a partir de ahora. Si ya los conocías, genial, si no, era necesario que los aprendieras para poder tener mucha más claridad de lo que veremos en los siguientes capítulos.

Ya sea que quieras mandar tu ejemplo al carajo o no, la inteligencia financiera es supremamente importante para cualquier persona porque nos va a permitir cada vez intercambiar menos de nuestro tiempo de vida por dinero y que el dinero sea el que trabaje para nosotros. Es un conocimiento que todo el mundo debería de saber, pero en las escuelas no lo enseñan lastimosamente.

¿Por qué mirar todo en términos de lo que pone dinero en nuestro bolsillo y de lo que nos saca dinero de nuestro bolsillo? Porque como ya vimos, ha pasado por nuestras manos una cifra considerable de dinero, pero seguramente no hemos retenido un buen porcentaje de éste. Es decir, tenemos unas fugas de dinero y no somos conscientes de ellas. Tú puedes pensar que así has vivido toda tu vida y para qué cambiar. Pues si llegaste a este libro por su título, tu empleo debe ser un motivante enorme para empezar a organizar tus finanzas y así en un futuro poder mandarlo al carajo sin afectarte tanto económicamente. Si no quieres mandar tu empleo al carajo, organizar tus finanzas como ya dije te liberará tiempo que es lo más preciado.

Tus finanzas pueden ser en este momento como un grifo intentando llenar con agua un balde roto. El agua que sale del grifo son tus ingresos, el balde representa tu bolsillo, mientras que el agua que se filtra del balde son tus gastos y deudas. Si por alguna razón has podido vivir sin control de tus finanzas, probablemente es porque el agua que ingresa al balde es igual o mayor que el agua que se sale. Sin embargo, qué pasaría si te cerraran el grifo (te despidieran hoy de tu empleo o renunciaras a él). ¿Por cuánto tiempo habría agua en el balde? ¿No te parece demasiado riesgo?

Qué tal si te dijera que con la inteligencia financiera y apersonándote de tus finanzas, no solo tendrás un único grifo llenando tu balde, sino múltiples grifos y que, si se cierra uno, no pasa nada. Además, tendrás muchas menos fugas. ¿Cómo te sentirías con el agua rebosando tu balde, con dinero que ya no cabe en tu bolsillo? Es una imagen por la que vale la pena el intento ¿no? Y lo mejor de todo, está al alcance de cualquier persona. Recuerda, no necesitas tener un yate de oro para ser rico. Tampoco tienes que tener un intelecto superior para aprender esto.

> *Lo que no se mide no se controla.*
> *Si no controlas tu dinero, la falta de*
> *él te controlará a ti.*

Ejercicios del capítulo 9: El Primer Diagnóstico de tus Finanzas

El ejercicio de este capítulo consiste en hacer un diagnóstico de nuestras finanzas personales tomando como marco de referencia la regla 10-20-70. El objetivo es que veas que tan bien o mal están tus finanzas en este momento, sobre todo en el tema de deuda.

Qué necesitaremos para este ejercicio:

- Boletas de pago recientes para saber cuánto dinero cobras por tus empleos
- extractos bancarios de tus deudas para conocer la cuota mensual que pagas por cada una de ellas
- Un aproximado de tus gastos de sostenimiento de tu estilo de vida, servicios, etc. No tiene que ser exacto en este momento. Solo intenta recordar un poco.
- Determinar si vas a hacer el ejercicio solo con tu dinero o deseas incluir a tu pareja

1. Determina tus ingresos mensuales.
- Todo el dinero que recibes de todas las fuentes

- Si son ingresos familiares, sumarlos todos. Es decir, los ingresos tuyos y de tu pareja.
- Si los ingresos son variables, haga un promedio mensual

¿Cuánto suman tus ingresos mensuales?

$_______________________

2. Determina tus pagos a deudas mensuales

- La suma de todos los cobros mensuales de deudas que tienen
- Incluye en este punto solo deudas (Pagos periódicos) como hipotecas, préstamo de vehículo, cuotas de las tarjetas de crédito, etc.
- No incluyas aquí los gastos (pago de servicios públicos, alimentación, etc.)

¿Cuánto suman tus pagos a deudas al mes?

$_______________________

3. Determina tus Gastos mensuales

- La suma de todos los gastos
- Si no sabes la cifra exacta, coloque el valor más aproximado que consideres
- No incluyas los pagos de deudas, solo gastos como pago de servicios públicos, alimentación, transporte, entretenimiento, servicios de streaming, gym, spa, salidas a cenar, idas a cine, etc.

¿Cuánto suman tus gastos al mes?

$_______________________

4. Determina tu Ahorro mensuales

¿Cuánto dinero ahorras al mes?

$_______________________

5. Resta a tus ingresos los pagos a deudas y los gastos

Ejemplo:

Total Ingresos Mensuales	$	1,000
Total Pagos de Deudas	$	450
Total Gastos Mensuales	$	500
Ingresos - Gastos - Deudas	**$**	**50**

¿Te dio la resta al menos un valor positivo o cero? Eso significa que tus ingresos te están alcanzando para vivir. Si por el contrario te dio un valor negativo, significa que tus ingresos no te están alcanzado para vivir el mes y por ende estas pidiendo prestado de alguna parte para poder cubrir tus pagos a deudas y gastos.

6. Determina tu dinero disponible después de Ahorros

A la cifra del punto anterior, restarle tus ahorros para obtener el dinero que te queda disponible. Realmente no deberías tener dinero disponible, si te está sobrando dinero deberías ahorrarlo. Tu dinero disponible debe ser cero. Si lo dejas sin ningún fin, seguramente lo terminaras gastando, es decir, se sumará a tus gastos.

Dinero ahorrado en el mes	$	50
Dinero Disponible al Mes	**$**	-

7. Determina los porcentajes de tus finanzas

Tomando todos tus ingresos como el 100%, debemos calcular ahora que porcentaje de tus ingresos los toman tus pagos a deudas, que porcentaje están tomando tus gastos y sostenimiento y qué porcentaje ahorras. Divide cada cifra entre tus ingresos

Total Ingresos Mensuales	$	1,000	100.0%
Total Pagos de Deudas	$	450	45.0%
Total Gastos Mensuales	$	500	50.0%
Ingresos - Gastos - Deudas	$	50	

Dinero ahorrado en el mes	$	50	5.0%
Dinero Disponible al Mes	$	-	

8. Compara tus porcentajes contra la Regla 10-20-70

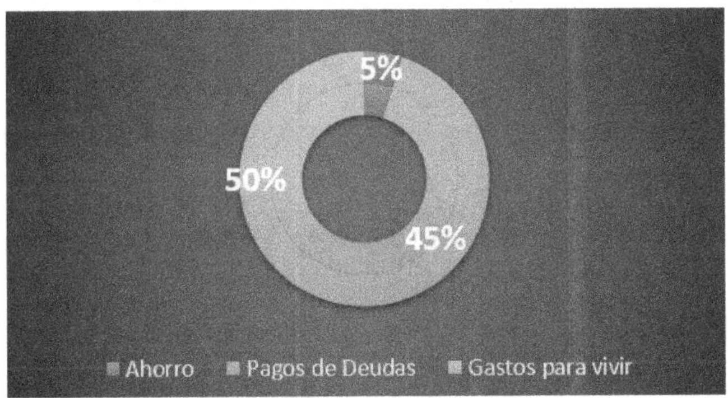

Tu Distribución Hoy

Ingresos	Ahorro	Pagos de Deudas	Gastos para vivir
100.00%	5.00%	45.00%	50.00%
$ 1,000	$ 50	$ 450	$ 500

Una vez tengas los porcentajes de cada una de tus cifras, debemos compararlos contra la regla 10-20-70. En el ejemplo que hemos desarrollado, tenemos lo siguiente:

- El ahorro, que según la regla 10-20-70 debería ser mínimo del 10%, solo llega al 5%. Allí ya tenemos una alerta

- Los pagos a deuda, que deberían ser hasta el 20% de los ingresos, están en 45%. Cómo superan el 30% de los ingresos, significa que estamos bastante mal en este punto. Casi la mitad de nuestros ingresos se están destinando a pagar deudas

- Los gastos y sostenimiento de nuestro estilo de vida, que deberían estar por debajo del 70% de los ingresos, sólo representan el 60%, ok.

9. **Simula la Regla 10-20-70 con tus ingresos y de acuerdo a los porcentajes de la regla, obtener los valores objetivo que deberías manejar.**

Lo que haremos aquí es que a partir de tus ingresos y de los porcentajes de la regla 10-20-70 determinar cuánto debería ser tu ahorro, tus pagos de deuda y tus gastos.

- Siguiendo el ejemplo, si tus ingresos son $1.000, multiplícalos por el 10% para saber cuánto es lo mínimo que debes ahorrar. En este caso $100

- Lo máximo que puedes destinar a pagos de deuda si tus ingresos son $1.000, serian $200 (1000*20% = 200)

- Lo máximo que puedes destinar a gastos si tus ingresos son $1.000, serian $700 (1000*70% = 700)

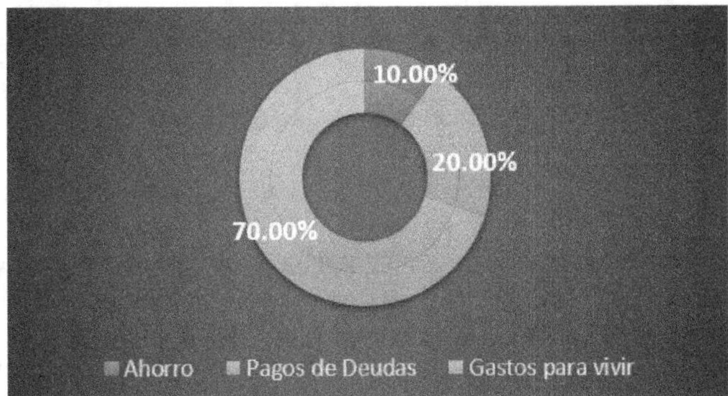

Ingresos	Ahorro	Pagos de Deudas	Gastos para vivir
100.00%	10.00%	20.00%	70.00%
$ 1,000	$ 100	$ 200	$ 700

10. Contrasta las cifras de tu diagnóstico contra las cifras simuladas con la Regla 10-2070 y sacar conclusiones

Se trata de comparar los valores obtenidos en los puntos 8 y 9 del ejercicio para sacar conclusiones. Sigamos con nuestro ejemplo:

- En el tema del ahorro, solo estamos ahorrando $50 (5%) cuando deberíamos estar ahorrando $100 (10%). Debemos reducir los pagos a deudas o los gastos con el fin de cumplir la meta de ahorro

- En los pagos de deuda, estamos destinando $450 (45%) cuando solo deberíamos estar destinando $200 (20%). Debemos buscar la manera de renegociar nuestras deudas o disminuir gastos para abonar más a capital y así disminuir esta cifra. (Veremos más adelante como se hace).

- Finalmente, con los gastos, están destinando $500 (50%) y estamos por debajo del límite de $700 (70%). Aquí estamos bien aparentemente. Sin embargo, esto no es debido a que no gastemos mucho, sino que no podemos gastar más porque estamos muy endeudados.

¿Cómo te fue con tu primer diagnóstico financiero? ¿Están tus finanzas mejor de lo esperado o peor de lo esperado? Cualquiera que sea el caso, esto es solo un primer diagnóstico y te aseguro que por más que hayas hecho memoria, muy seguramente no alcanzaste a contemplar todos tus gastos, sobre todo porque aún no eres consciente de ellos. Créeme que muchos se te han escapado si no tienes el hábito de registrarlos en alguna parte. En mi primer diagnóstico aparentemente mi salario alcanzaba para cubrir pagos de deudas y gastos, pero luego me di cuenta que dependía mucho de las tarjetas de crédito para poder costear mis gastos; es decir, realmente mi salario no me estaba alcanzando. Ya llegaremos a esa parte, no te preocupes. Vamos paso a paso.

Este diagnóstico inicial es muy importante para que te des cuenta que tan amarrado estás a tu empleo y a tu salario. Si tienes muchas deudas, por ejemplo, obviamente dependes mucho de tu salario y eso no te permite mandar tu odiado empleo al carajo. Por el contrario, si lo que tienes son muchos gastos, tal vez no estés tan atado a tu salario como crees y con algunos ajustes a tu estilo de vida sea suficiente para tomar decisiones sobre tu empleo. Es muy importante que hagas diagnósticos de tus finanzas periódicamente. Recuerda, lo que no se mide no se controla, y **si tu no controlas tu dinero, la falta de él te controlará a ti.**

A partir de aquí vamos a adentrarnos en tus finanzas, vamos por las cifras reales. Antes de continuar, vamos a abandonar la creencia de que organizar nuestras finanzas nos va a convertir en tacaños que no disfrutan la vida. No es así. Yo personalmente te puedo decir que ahora disfruto mucho más la vida que antes, soy mucho más feliz con las cosas que compro y ya no siento culpa porque realmente compro lo que necesito para mejorar mi calidad de vida. Ahora incluso puedo apoyar económicamente a algunas fundaciones que luchan por causas que van acordes a mis principios y valores. Pero no me creas a mí, solo date la oportunidad de aprender algo nuevo y créeles a tus propias cifras cuando te revelen información que pondrá tu cerebro patas arriba. Los siguientes capítulos cubrirán a fondo los 3 aspectos esenciales de la regla 10-20-70: El ahorro, las deudas y los gastos. Todo en pro de que logres administrar tu dinero y vayas rompiendo ataduras económicas hacia situaciones que no te gustas, como tu empleo, por ejemplo.

Resumen del capítulo 9

- Un ACTIVO es todo aquello que pone dinero en nuestro bolsillo. Un PASIVO es todo aquello que saca dinero de nuestro bolsillo

- Un ingreso pasivo es aquel dinero que entra a tu bolsillo sin que tú hayas intercambiado tu tiempo por él. En otras palabras, no tuviste que mover un dedo para que ese dinero entrará a tu bolsillo

- La libertad financiera se alcanza cuando tus ingresos pasivos periódicos son iguales o mayores a tus gastos y pagos de deudas

- La fórmula básica de la inteligencia financiera es: INGRESOS > EGRESOS

- La regla del 10-20-70 nos dice que debemos ahorrar mínimo el 10% de nuestros ingresos, destinar máximo el 20% de los ingresos a pagos de deudas y debemos vivir con solo el 70% de nuestros ingresos. Una vez que logres el objetivo de no tener deudas malas, ese 20% debe sumarse a los ahorros. Los ahorros no son más que dinero para posteriormente invertir y así generar fuentes de ingresos pasivos.

10. ¿Cómo puedes ahorrar más?

El Dinero que se convertirá en tus Ingresos Pasivos

Como en muchas cosas, nos educaron mal respecto al ahorro. Yo desde niño siempre tuve el hábito de ahorrar. Mi abuelo intentaba explicarme el tema de tener dinero en el banco para ganar intereses y mi papá convertía viejos juguetes de plástico en alcancías para motivarme a ahorrar. Recuerdo un tren de juguete enorme y esa fue una de mis primeras alcancías; al final, por la cantidad de monedas que tenía dentro ya ni podía rodar el pobre tren. Yo vivo muy agradecido con ellos porque desde muy pequeño me crearon el hábito de ahorrar.

Lastimosamente ellos no sabían más sobre el ahorro, nadie nunca les enseñó el objetivo del ahorro y no me lo pudieron enseñar a mí. Yo aprendí a ahorrar para luego gastar los ahorros, me enseñaron que si quería algo debía ahorrar para obtenerlo y está bien. Ahorraba para comprarme juguetes, luego para comprarme consolas y videojuegos, o cualquier cosa que quisiera. El hecho era que solo ahorraba cuando quería comprar algo, no era una cultura constante en mi vida y mi ahorro siempre desaparecía en algún momento. Lo anterior sumado a que mi mamá siempre me inculcó que uno debía pagar todas sus deudas para tener una buena calificación bancaria y que me abrieran las puertas a créditos, evitó que yo cayera en deudas que no sabía cómo pagar. Fui muy afortunado de verdad.

Si todo lo anterior te suena muy bien, porque al menos yo ahorraba algo, pues lo mismo decía yo, *"al menos yo puedo ahorrar algo, otras personas ni siquiera ahorran"* y si, en parte es cierto y por eso digo que yo fui muy afortunado. Sin embargo, no es suficiente. **Los ahorros no son para gastar, son para invertir**. Recuerda el consejo, compra primero activos antes que adquirir lujos y tener gastos.

Las personas dicen que no les alcanza para ahorrar, que tienen muchos gastos y muchas deudas, que viven esperando el día de pago porque *"ya están en los rines"* (es decir, se les acabó el dinero) pero, ¿cuántos de ellos siquiera se han tomado la molestia de saber cuánto dinero se les va en pago de deudas y en gastos? En el ejercicio del capítulo anterior dijimos que, si te queda dinero disponible sin oficio, pasará a engrosar la cifra de los gastos con toda seguridad. ¿No será que no es que no te quede dinero para ahorrar, sino que no le has dado un propósito al dinero que te queda libre y siempre lo terminas gastando sin darte cuenta?

El poder del ahorro y el interés compuesto:

La importancia de ahorrar y sobre todo invertir es que con el tiempo nuestro dinero se empieza a reproducir sin que nosotros tengamos que mover un dedo. Debemos darle un empujón, ser pacientes y constantes, pero al final el dinero será agradecido con nosotros.

Como siempre, la forma más fácil de entenderlo rápidamente es viendo los números. Supón que tienes $2000 dólares y deciles ponerlos en un lugar que rinde el 15% efectivo anual (EA) por 10 años con el compromiso de no retirar nada. Es decir, vas a dejar que los intereses se reinvierten y generen intereses sobre intereses (interés compuesto)

Inversión			
Capital a Invertir	$2,000	Inversión total	$2,000
Tasa EA	15.00%	Nuevo Capital	$8,091
Periodos	10	Ganancia	$6,091
Ahorro	$ -		

Año	Capital Inicial	Interés	Ahorro Adic	Nuevo Saldo
1	$2,000.00	$300.00		$2,300.00
2	$2,300.00	$345.00		$2,645.00
3	$2,645.00	$396.75		$3,041.75
4	$3,041.75	$456.26		$3,498.01
5	$3,498.01	$524.70		$4,022.71
6	$4,022.71	$603.41		$4,626.12
7	$4,626.12	$693.92		$5,320.04
8	$5,320.04	$798.01		$6,118.05
9	$6,118.05	$917.71		$7,035.75
10	$7,035.75	$1,055.36		$8,091.12

En la tabla anterior vemos cómo $2.000 dólares que dejamos solos en esta inversión rindiendo al 15%EA, con el pasar de 10 años se convirtieron en $8,091.12. Se ve bien, el problema es que tuvimos que esperar 10 años.

Miremos ahora la forma correcta de hacerlo. Mismos $2.000 dólares, misma inversión al 15%EA, pero esta vez, cada periodo (en este ejemplo cada año) vamos a adicionar $1.200 dólares como ahorro adicional. Estos $1.200 van a generar intereses adicionales a lo que generan los $2.000 y los intereses generados por cada uno de esos $1.200 van a generar nuevos intereses.

Inversión				
Capital a Invertir	$2,000		Inversión total	$14,000
Tasa EA	15.00%		Nuevo Capital	$32,456
Periodos	10		Ganancia	$18,456
Ahorro	1200			

Año	Capital Inicial	Interés	Ahorro Adic	Nuevo Saldo
1	$2,000.00	$300.00	$1,200.00	$3,500.00
2	$3,500.00	$525.00	$1,200.00	$5,225.00
3	$5,225.00	$783.75	$1,200.00	$7,208.75
4	$7,208.75	$1,081.31	$1,200.00	$9,490.06
5	$9,490.06	$1,423.51	$1,200.00	$12,113.57
6	$12,113.57	$1,817.04	$1,200.00	$15,130.61
7	$15,130.61	$2,269.59	$1,200.00	$18,600.20
8	$18,600.20	$2,790.03	$1,200.00	$22,590.23
9	$22,590.23	$3,388.53	$1,200.00	$27,178.76
10	$27,178.76	$4,076.81	$1,200.00	$32,455.58

Ahora, luego de 10 años no tenemos los $8.091,12 cuando no ahorramos nada adicional, sino que tenemos $32,455.58. Increíble lo que $2.000 iniciales y un ahorro de $1.200 periódicos pueden lograr ¿no? Sumando los $2.000 iniciales y todas las adiciones de $1.200, podemos decir que tu inversión fue de $14.000 (2000 + (1200 x 10)). Pero al final obtuviste $32,455.58, lo que significa que obtuviste de ganancia $18,456. Fueron $18,456 por los que no tuviste que trabajar, se generaron solos por el interés compuesto.

Imagina ahora que ya no tienes deudas y puedes ahorrar el 30% de tus ingresos. Si ganas $12.000 al año entonces pudieras ahorrar $3.600.

Inversión			
Capital a Invertir	$2,000	Inversión total	$38,000
Tasa EA	15.00%	Nuevo Capital	$81,185
Periodos	10	Ganancia	$43,185
Ahorro	3600		

Año	Capital Inicial	Interés	Ahorro Adic	Nuevo Saldo
1	$2,000.00	$300.00	$3,600.00	$5,900.00
2	$5,900.00	$885.00	$3,600.00	$10,385.00
3	$10,385.00	$1,557.75	$3,600.00	$15,542.75
4	$15,542.75	$2,331.41	$3,600.00	$21,474.16
5	$21,474.16	$3,221.12	$3,600.00	$28,295.29
6	$28,295.29	$4,244.29	$3,600.00	$36,139.58
7	$36,139.58	$5,420.94	$3,600.00	$45,160.52
8	$45,160.52	$6,774.08	$3,600.00	$55,534.59
9	$55,534.59	$8,330.19	$3,600.00	$67,464.78
10	$67,464.78	$10,119.72	$3,600.00	$81,184.50

La inversión inicial de $2.000 más los ahorros de $3.600 anuales por 10 años suman $38.000, pero recibirás $81,184.50, es decir tu dinero generó $43,185 por sí solo gracias al interés compuesto.

Si, los 10 años siguen pareciendo mucho tiempo. Queremos todo ya, pero quería darte la perspectiva completa a largo plazo. Además, con el pasar del tiempo es probable que puedas ahorrar más, o con las bonificaciones de navidad, hacerle adiciones más grandes y acelerar el proceso. El ejercicio aquí está hecho en años, pero si haces aportes mensuales la cosa cambia porque mes a mes tu dinero está generando intereses sobre intereses y al final de los 120 meses o 10 años obtendrás más.

Imagina que hubiéramos empezado con esto desde que recibimos nuestro primer ingreso. Ya esos 10 años, al menos en mi caso, hubieran pasado y tendría un gran capital listo para invertirlo en negocios más grandes y rentables que lo sigan multiplicando. O imagina que haces este proceso con tu hijo o hija de 15 años. A sus 25 años ya tendría un gran capital para defenderse en la vida. Es verdad, solamente ahorrando no te vas a hacer rico, las personas se hacen ricas invirtiendo para crear ingresos pasivos y ya no tener que intercambiar su tiempo por dinero. Pero el ahorro a parte de cambiar el comportamiento de tu mente respecto al dinero, también te brinda una base para que puedas empezar a invertir y eso es muy importante.

Bueno ahora que hemos visto cómo funciona el tema del ahorro, veamos unos pasos necesarios para poner todo esté en marcha.

Primer paso: Págate a ti mismo antes que a los demás.

Esta frase debe volverse tu mantra, tu ley de ahora en adelante. Las personas y sobre todo los empleados, hacemos todo al revés. Ahorramos lo que nos sobra, si es que sobra algo. ¡¡NOOOOOO!! así no es. Apenas llegue cualquier ingreso lo primero que tenemos que hacer es agradecer por él. Agradece a Dios, al universo o a lo que tu creas, pero agradece. Cuando agradeces la vida te da más de eso por lo que agradeciste. Por más que tu empleo sea horrible o tu jefe una mala persona, el dinero que cobras no tiene la culpa, por el contrario, te permite pagar las cuentas, sostener a tu familia y mantener tu estilo de vida, así que agradece cada ingreso que recibas.

Lo segundo que sí o sí debes hacer es pagarte a ti primero antes que a cualquier otra persona o entidad. ¿Qué quiere decir esto? Que vas a cambiar tu mentalidad. Ya no vas a ahorrar lo que te sobra (si es que te sobra), sino que apenas recibas cada ingreso, vas a tomar un porcentaje para ahorrar. De esta manera siempre vas a tener para ahorrar, te vas a asegurar que te sobre esa cantidad. Si recibiste $700 pues debes ahorrar mínimo el 10% de ese ingreso, es decir $70 y luego arreglártelas para vivir con los $630 que te quedan. Es mucho más probable que, luego de ahorrar, te las arregles con lo que te queda dejando de gastar tanto, que gastando primero y luego ver si te quedó algo para ahorrar.

Para facilitarte un poco esto vamos a copiar un truco que las empresas usan con todos los empleados. Lo que llega a tu cuenta bancaria no es el total de tu salario. Previamente la empresa te ha descontado un monto para seguridad social, auxilios, mantenimientos, etc. Si a tu cuenta bancaria llegan $700 y tus descuentos por nómina son del 15%, realmente tu salario es $824. Pero en tu mente no están los $824, sino los $700 que es con lo que realmente dispones en el mes. Eso mismo vamos a hacer para ahorrar y aquí hay algunas ideas y alternativas (no son las únicas):

1. Bolsillos Virtuales

Apenas recibas dinero, separaras mínimo el 10% de esa cantidad. Si lo recibiste en tu cuenta bancaria, los bancos ahora te permiten crear desde sus portales en línea, bolsillos virtuales o subcuentas dentro de tu cuenta bancaria. Son espacios dentro de tu cuenta bancaria a los que puedes enviar dinero desde tu cuenta bancaria. La ventaja de estos bolsillos virtuales es que te ayudan a separar el dinero y el dinero dentro de ellos se resta del saldo de tu cuenta bancaria, es decir, el dinero de los bolsillos no lo puedes retirar por un ATM o cajero automático. Es como si ese dinero no estuviera en tu cuenta. De esta manera engañamos a tu cerebro el cual trabaja solo con el saldo de tu cuenta y pronto se olvidará del dinero ahorrado que mandaste al bolsillo. Averigua con tu banco cómo puedes crear un bolsillo virtual gratuito y si puedes automatizar la transferencia desde tu cuenta bancaria al bolsillo de una cantidad fija cada mes.

2. Planes de ahorro empresariales:

Averigua con tu empresa si tienen algún convenio con una entidad financiera a través del cual puedas ahorrar y de forma automática, es decir, que te hagan un descuento por nómina y ese dinero vaya a tu ahorro y tu ni lo veas en tu cuenta bancaria al recibir tu pago.

En la empresa donde tuve mi último empleo había un plan buenísimo, de lo mejor que tenía esa empresa, ese plan de ahorro. Resulta que uno podría ahorrar hasta el 5% de su salario mensual. Me descontaban ese 5% por nómina y se iba automáticamente a mi cuenta en la entidad financiera donde había convenio. Pero no solo eso, cada vez que yo ahorraba dinero, la empresa aportaba a mi nombre el 50% de mi aporte. Por ejemplo, si mi salario era $1200, yo ahorraba el 5%, es decir $60 y la empresa aportada de su dinero el 50% de mi ahorro, es decir $30 (60*50%=30). En total mi ahorro mensual era de $90.

Muchas empresas tienen este tipo de planes de ahorro como estrategia de retención de talento porque resulta que para poder retirar después los aportes que ha hecho la empresa, debes permanecer en ella un determinado tiempo. En aquella empresa donde yo trabajaba, debía permanecer 1 año para poder retirar el 33% de todo lo que la empresa había aportado; permanecer 2 años para poder retirar el 66% de los aportes de la empresa o permanecer 3 años para poder retirar el 100% de los aportes de la empresa. Ahhh viste que si había un truco. No todo es color de rosa. Sin embargo, ¿por qué las empresas hacen esos aportes? porque se preocupan por nosotros los empleados, noooooo. Porque para ellas es mucho más costosa la fuga de un talento que ya conoce las labores de su puesto de trabajo, que el tiempo de empezar un proceso de selección y el tiempo de entrenar a un nuevo empleado. Les sale más barato aportar el 2.5% de tu salario a tu ahorro asegurando que no te vas a ir. Aun así, es una gran forma de ahorrar que podemos aprovechar. Averigua ya mismo si tu empresa tiene algún plan similar.

3. Alcancía

Si recibes la mayoría de tus ingresos en efectivo, necesitarás mayor autocontrol. Consigue una alcancía y apenas recibas ingresos en efectivo deposita en ella mínimo el 10%. Luego al final del mes, saca el dinero de la alcancía y deposítalo en el banco por el momento en un bolsillo virtual. Queremos quitarte la tentación de tener ese dinero a la mano y que te lo gastes.

4. Fondo de empleados de tu empresa

Es otra opción con la que puedes tener débito automático desde tu nómina y así nunca ves el ahorro en tu cuenta bancaria evitando que lo gastes. Averigua si en tu empresa hay un fondo de empleados y las condiciones para pertenecer al mismo. Sobre todo si quieres retirar el dinero, que tal fácil o complicado es.

Estas son solo algunas opciones para separar tus ahorros. Separando el dinero del ahorro del resto de tus ingresos lo que lograremos es engañar a la mente y hacerle creer que dispones de menos dinero para gastar, así la mente de una u otra forma se acomodará a la nueva cifra y créeme que logras sobrevivir el mes y ahorrar al mismo tiempo. Ese es el primer paso.

La Inflación. Cuida de tu dinero y luego tu dinero cuidará de ti

Seguramente habrás escuchado este término y sabes que lo que significa es que las cosas se ponen más caras en un porcentaje igual o mayor a la inflación y tu dinero ya no te alcanza para comprar lo que comprabas antes. Perfecto, la tenemos clara. ¿Y si la tenemos tan clara porque sigue teniendo tu dinero en el banco o bajo el colchón? ¿Será que tenemos clara la definición de inflación, pero no tenemos tan clara como nos afecta? Lo explicaré con dos ejemplos.

Ejemplo 1:

Supongamos que tenemos $15.000 en este momento para comprar un carro que vale exactamente esos $15.000, sin embargo, no puedes comprarlo ya porque vives en un apartamento sin garaje y no tienes donde guardar tu carro nuevo. Entonces decides que compras el carro el próximo año que ya te hayas mudado a un apartamento con garaje. Así que coges los $15.000 y los pones en tu cuenta bancaria y los dejas allí hasta el otro año que puedas comprar el carro. La inflación se determinó en un 4%

Como en el banco tu dinero gana ninguno o muy poco interés, vamos a asumir que llegado el momento de comprar el carro y en tu cuenta siguen estando los mismos $15.000. Sin embargo, por el efecto inflacionario el carro ahora vale un 4% más, es decir ya el carro no vale $15.000 sino $15.600. Entonces ahora debes conseguir $600 adicionales para poder comprar el mismo carro que el año pasado costaba $15.000. Podemos verlo incluso como que tus $15.000 que antes te compraban ese carro, ahora ya no alcanzan a comprarlo. Tu dinero perdió valor en el tiempo. Lo más seguro es que por las ganas de estrenar tu carro, utilices la tarjeta de crédito o un préstamo para cubrir los $600 faltantes y termines endeudado pagando intereses altos.

Lo mismo va a pasar cuando estés ahorrando para comprar una propiedad raíz como inversión, es decir, para arrendarla y generar un ingreso pasivo. Si tienes tus ahorros en un lugar donde no ganan intereses mayores a la inflación, cuando vayas a comprar la propiedad raíz no te van a alcanzar.

Puedes pensar que no vale la pena incomodarte buscando donde poner tus ahorros si solo pierdes un porcentaje pequeño con la inflación. Aquí tienes dos problemas: el primero y más filosófico es que estas despreciando tu dinero, no te importa la "salud" de tu dinero, no te preocupa su bienestar. Entonces cómo esperas que el dinero quiera estar contigo si no lo tratas bien. El segundo problema es matemático. La inflación se representa como un porcentaje. Ese 4% de $15.000 que solo son $600 te podrá parecer poco, pero cuando tengas 1 millón de dólares, ¿vas a querer que se te esfumen de la nada $40.000 dólares? ¿Qué tal si la inflación sube al 10%, vas a dejar que se desaparezcan 100.000 dólares por la pereza de buscar un mejor lugar donde poner tu dinero?

Ejemplo 2:

Vas a tener los mismos $15.000 y el siguiente año vas a comprar el mismo carro que hoy cuesta $15.000. La inflación se determinó en el mismo 4%. La única diferencia es que en vez de dejar tus $15.000 en la cuenta bancaria, los pusiste en un fondo de inversión colectiva que en promedio rindió todo el año un 7% efectivo anual (EA)

Cuando llega el día de comprar el carro, la inflación del 4% ha hecho que el carro que antes costaba $15.000 ahora cueste $15.600. Vas al fondo de inversión a retirar tu dinero y obtienes la agradable sorpresa que luego de 1 año ahora tienes $16.050 (los $15.000 iniciales + $1.050 de rendimiento en el año (15.000 * 7% EA). Ahora no solo no tuviste que conseguir los $600 en que aumentó el valor de tu carro, sino que, luego de comprar el carro, te sobraron $450. ¿No te parece genial? De eso se trata cuidar tu dinero para que luego tu dinero cuide de ti.

¿Ahora ves con más claridad cómo la inflación afecta nuestro dinero? La inflación no es un tema económico del que se tengan que preocupar solo los economistas ni el banco central de tu país, es un tema que afecta tu bolsillo directamente. Lo repito, **si tú cuidas tu dinero, tu dinero cuidara de ti luego**, por favor créelo, así suene muy filosófico o cursi.

Si tú cuidas tu dinero, tu dinero cuidará de ti en el futuro

123

Segundo paso: Poner los ahorros a rendir por encima de la inflación

Teniendo en cuenta la inflación, viene el segundo paso, buscarle a nuestros ahorros un destino donde rindan más que la inflación para que no pierdan valor en el tiempo.

Las alternativas que vimos en el primer paso como bolsillos virtuales, alcancías, fondo de empleados y muchas otras, están bien para cumplir el objetivo de separar tus ahorros del dinero que puedes gastar. Sin embargo, difícilmente estos productos generarán rendimientos por encima de la inflación, por lo que solo se deben usar como destinos transitorios para nuestro dinero. El plan de ahorro empresarial si es tema aparte porque si la empresa te está regalando el 50% de lo que ahorras es como si tu dinero rindiera el 50% mes a mes, lo cual es brutal.

Entonces, ¿dónde sí podemos poner nuestro dinero sin ser unos inversionistas expertos? La respuesta es **fondos de inversión**.

¿Qué es un fondo de inversión? Imagina que quieres invertir en unas bodegas modernas en una zona franca en tu ciudad, pero la inversión mínima es de 1 millón de dólares y nosotros solo tenemos $2000. Estamos como lejos de lograrlo. Pero si consiguieras 500 personas y cada uno pusiera $2000, tendríamos entre todos 1 millón de dólares y podríamos invertir. Es eso es un fondo de inversión colectiva, un producto que reúne capitales de diferentes personas, los administra y los invierte en diferentes oportunidades de negocio y luego reparte las ganancias según los aportes de cada uno de los integrantes, luego de cobrarles una comisión. Es importante y crucial que el fondo en el que vayas a invertir esté estrictamente regulado por la superintendencia financiera de tu país y sea auditado constantemente por entes reguladores para garantizar transparencia. Los fondos de pensiones voluntarias generalmente están muy bien regulados y además tienen beneficios fiscales por lo que son una muy buena opción entre el universo de fondos a escoger.

Una de las ventajas de poner tu dinero en un fondo de inversión es que el fondo toma las decisiones sobre en donde poner a

rendir tu dinero y diversifica tu inversión para reducir riesgo, es decir, no pone todos los huevos en una sola canasta. Los fondos pueden invertir en acciones, bonos, CDT, energía, materias primas, bienes raíces, etc. La desventaja de los fondos es que también puedes perder dinero si el mercado va mal.

Para saber qué tipos de fondos son para ti, existen 3 tipos de perfiles generalizados de usuarios de fondos:

- **Bajo riesgo o conservador:** Son personas que les importan mucho no perder dinero y se conforman con pocas ganancias con tal que su dinero esté seguro

- **Riesgo Medio o moderado**: Son personas que puede tolerar algunas pérdidas con el fin de obtener mejores rendimientos a futuro

- **Riesgo Alto o agresivo** Son personas que pueden tolerar pérdidas grandes o muy grandes pensando en que también pueden obtener ganancias muy grandes, generalmente en el largo plazo.

Para cada uno de estos tipos de perfil de riesgo existen fondos que se acomodan mejor a cada uno de ellos. Para el perfil de bajo riesgo o conservador, existen fondos de bajo riesgo que invierten en instrumentos financieros muy seguros como CDTs o básicamente renta fija (donde sabes de antemano cuanto rendimiento vas a tener), donde el riesgo de perder es muy bajo. Lo malo es que generalmente no van a rendir más que la inflación. Para el perfil moderado existen fondos que ya no solo invierten en renta fija, sino también ponen parte del capital en renta variable (acciones, divisas, criptomonedas, etc.) Sin embargo, distribuyen los recursos de tal manera que el riesgo de perder sea moderado y así puedes obtener ganancias en el mediano-largo plazo. Finalmente, los fondos agresivos ponen un gran porcentaje de los recursos en renta variable y así como pueden ganar mucho, pueden perder mucho

Cómo funciona el mercado

Te voy a explicar rápidamente cómo funciona el mercado. El mercado vive ciclos. en algunos momentos es alcista, es decir, es creciente, todo el mundo quiere comprar porque hay bastante dinero, y todo va subiendo de precio y tus inversiones igual crecen. Luego viene un ciclo bajista o decreciente, recesiones económicas, escasez de dinero, los precios bajan porque no hay quien compre, etc. y también tus fondos bajan de valor y ves pérdidas. Sin embargo, esa es la naturaleza del mercado, nunca irá siempre hacia arriba y nunca irá siempre hacia abajo

El siguiente gráfico del índice S&P500 (las 500 empresas más grandes de EE.UU.) muestra cómo el mercado va subiendo y luego cae, luego vuelve y sube, luego vuelve y cae, y así. Sin embargo, gracias al capitalismo, el mercado en una macro foto siempre va creciendo. El mercado ha sobrevivido guerras mundiales, crisis y depresiones económicas y aún está con nosotros. No hay crisis que sea eterna ni bonanzas que dure para siempre; pero el capitalismo de alguna u otra manera continúa adelante.

Observa cómo en marzo 2020 hay una caída supremamente profunda del mercado. Esta fue la crisis por el coronavirus o el covid-19 y mira como antes de ese evento, el mercado había crecido mucho más de los que había decrecido. Con mi esposa teníamos dinero en diversos fondos de inversión de riesgo moderado y alto y estábamos felices con el dinero que estaban generando en todo el 2018 y el 2019. Cuando llegó febrero 2020 los fondos por primera vez dieron pérdidas, pero ya en marzo 2020 las pérdidas eran enormes. Para que te hagas una idea, en febrero los fondos perdieron un 9% del valor que había en enero 2020. En marzo la cifra había aumentado al 24%. Casi ¼ del dinero había desaparecido.

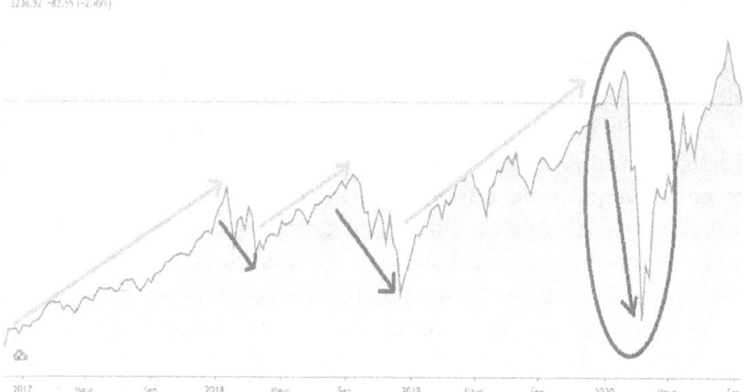

Te preguntarás porque desde que vimos las pérdidas de febrero no retiramos nuestro dinero. Porque ya sabíamos de la dinámica del mercado. Ninguna crisis dura para toda la vida ni ninguna bonanza dura para siempre. Una vez vimos que en febrero 2020 las pérdidas fueron del 9%, retirar nuestro dinero en ese momento implicaba hacer efectiva dicha pérdida. Es decir, al sacar el dinero del fondo, recibiríamos menos de lo que inicialmente invertimos, así que nos mantuvimos. En marzo el mercado volvió a probar nuestra fortaleza con esas pérdidas del 24%. De hecho, muchísima gente alrededor del mundo salió de sus posiciones en el mercado asustados por las pérdidas y por la posibilidad de tener más pérdidas en el futuro y que sus cuentas quedarán en cero. Mi esposa y yo nos mantuvimos, obvio con incertidumbre y pusimos un tope máximo hasta cual podremos aguantar pérdidas antes de retirarnos. No te voy a decir que tenemos nervios de acero ni nada, pero la misma organización de nuestras finanzas, nos permitía estar tranquilos. Obviamente a nadie le gusta perder dinero, pero ya entendíamos que es parte del proceso.

Cuando llegó abril 2020 el mercado empezó a recuperarse y a partir de allí ha venido subiendo fuertemente. Nuestros fondos recuperaron todo el dinero que habían perdido y en agosto 2020 volvimos a tener otra vez lo mismo que teníamos en enero 2020 antes de la crisis del coronavirus. Como nunca retiramos el dinero, nunca asumimos ninguna pérdida. Pero la gente que en marzo se retiró, obtuvieron menos dinero y no se dieron la oportunidad de recuperar las pérdidas, las asumieron.

Obvio da miedo, mi esposa y yo no somos los expertos en el mercado de valores ni mucho menos, pero cuando tienes información y nutres tu inteligencia financiera estás un poco más preparado para tomar decisiones y ya no lo haces por pánico o euforia. Si quieres saber mucho más sobre este tema, el libro Dinero: Domina el Juego de Tony Robbins es excelente.

Cómo escoger el mejor fondo de inversión para ti

Si todo esto de los fondos de inversión es nuevo para ti, no te asustes con lo que estás leyendo. No vas a tener que aguantar viendo como tu dinero desaparece en la siguiente crisis esperando que el mercado vuelva a crecer ni nada. Arranquemos despacio y seguro.

Puedes empezar ingresando a la página web de tu banco e investigar qué fondos de inversión tiene disponibles. Generalmente todos los bancos ofrecen fondos de inversión. Cuando encuentres la sección de fondos de inversión, busca los fondos que ofrecen y escoge cualquier que te llame la atención. Lee la información que te da el banco sobre ese fondo y luego busca su ficha técnica, que no es más que un documento, generalmente en PDF que podrás descargar, donde está toda la información técnica del fondo. Algo como esto:

En alguna parte de ese documento debe aparecer las rentabilidades del fondo y su volatilidad. La rentabilidad de un fondo nos indica cuando ha rendido en promedio el dinero en ese fondo en el tiempo que se calculó. La volatilidad es simplemente una manera de medir el riesgo. Nos indica cuánto ha fluctuado la rentabilidad del fondo. El dato que nos interesa para nuestro análisis es la rentabilidad del último año y la volatilidad del último año. En caso que no la tengas, puedes buscar la de otros periodos, lo importante es que tanto la rentabilidad como la volatilidad sean del mismo periodo.

Ejemplos:

- Si la rentabilidad de un fondo es del 10% y su volatilidad del 8%, haciéndolo simple quiere decir que en algún momento de ese periodo la rentabilidad estuvo en el 18% (10%+8%) y en otro momento llegó a caer al 2% (10%-8%). Es decir, este es un fondo que podría rendir hasta el 18%, pero también caer hasta un 2% en promedio

- Si la rentabilidad de un fondo es del 20% y su volatilidad es del 35%, el fondo puede llegar a rendir un 55% que es genial, pero también podría llegar a rendir un -15% que significa pérdidas.

Teniendo la rentabilidad y la volatilidad en la ficha técnica, vamos a calcular el índice Sharpe, es decir la relación entre la rentabilidad y la volatilidad. Como vimos en los ejemplos anteriores, un fondo puede rendir mucho, pero si su volatilidad es muy grande o mayor a su rentabilidad, podríamos llegar a tener pérdidas y eso no es lo que queremos con nuestros ahorros, muchísimo menos ahora que apenas estamos empezando y ganar confianza es vital.

El índice Sharpe se calcula así:

$$\frac{(\text{Rentabilidad} - \text{Tasa libre de riesgo del país})}{\text{Volatilidad}}$$

La rentabilidad y la volatilidad del fondo deben estar en el mismo periodo de tiempo. Lo ideal son las del último año. La tasa libre de riesgo del país la puedes encontrar en internet para tu país y sino busca cual es el interés que paga un depósito a término o CDT a 3 meses.

Ejemplo 1:

Rentabilidad Histórica (E.A.)					
Último Mes	Últimos 6 meses	Año Corrido	Último año	Últimos 2 años	Últimos 3 años
5.912%	6.447%	6.634%	6.837%	7.201%	7.502%

Volatilidad Histórica					
Último Mes	Últimos 6 meses	Año Corrido	Último año	Últimos 2 años	Últimos 3 años
0.079%	0.131%	0.118%	0.102%	0.148%	0.128%

Rentabilidad último año: 6.837%
Volatilidad último año: 0.102%
Tasa riesgo país: 2.037%

$$\text{Índice Sharpe} = \frac{(6.837\% - 2.037\%)}{0.102\%} = 47.05$$

Ejemplo 2:

Rentabilidad último año: 25%
Volatilidad último año: 38%
Tasa riesgo país: 2.037%

$$\text{Índice Sharpe} = \frac{(25\% - 2.037\%)}{38\%} = 0.60$$

Vemos como en el primer ejemplo, el índice sharpe es bastante superior a 1, es decir, que la rentabilidad está muy por encima de la volatilidad o lo que es lo mismo, que la volatilidad casi no afecta a la rentabilidad del fondo. Podríamos decir que es muy estable. En el ejemplo 2 tenemos el caso contrario. El índice sharpe está por debajo de 1, lo que significa que la volatilidad es mayor a la rentabilidad y la afecta en gran medida.

Nosotros nos vamos a enfocar en fondos con índice sharpe superior a 1 y la forma fácil de identificarlos es que tengan una rentabilidad bastante superior a la volatilidad o que la volatilidad sea muy baja.

Ejercicio del capítulo 10: Buscando el mejor fondo de inversión

1. Ten a la mano el dato de inflación de tu país y la tasa libre de riesgo.

2. Busca varios fondos en diferentes entidades financieras y fiduciarias en tu país. Encuentra sus fichas técnicas y busca la rentabilidad del último año o de los últimos 3 años y descarta de una vez aquellos con una rentabilidad menor a la inflación

3. Calcula el índice sharpe a cada fondo que pasó el filtro del punto 2, con la información de rentabilidad y volatilidad que tengas disponible en sus respectivas fichas técnicas.

4. Descarta todos los fondos cuyo índice sharpe sea inferior a 1. No quiere decir que los fondos descartados sean malos o buenos, solo que no son los adecuados para iniciar en este momento.

5. De los fondos que pasaron el filtro del punto 4, toma su rentabilidad del último año (o la del periodo disponible) y súmale la volatilidad. Luego haz lo mismo, pero restando la volatilidad

Ejemplo: encontraste 2 fondos que pasaron los filtros.

Fondo 1		Fondo 2	
Rentabilidad =	12%	Rentabilidad =	35%
Volatilidad =	5%	Volatilidad =	19%
Rentab + Volat =	17%	Rentab + Volat =	54%
Rentab - Volat =	7%	Rentab - Volat =	16%

¿Cuál escogerías? Si analizamos el fondo 1 podemos ver que en su mejor momento pudo llegar a rendir un 17% y en su peor momento un 7%. Nada mal. Pero si analizamos el segundo, vemos como en su mejor momento llegó a rendir un 54% y en su peor momento un 16%. ¿Qué nos dice eso? Pues que el fondo 2 por más mal que le fue, rindió casi lo mismo que el fondo 1 en su mejor momento, por lo tanto, es mucho mejor el fondo 2, así sea más volátil, vale la pena correr el riesgo.

6. Ponte en contacto con la empresa dueña del fondo y pide más detalles y condiciones de vinculación. Es muy importante que averigües sobre el tiempo de permanencia mínima del dinero. Algunos fondos solo te piden tener el dinero mínimo 30 días, otros pueden retener tu dinero por 2 años antes de poder retirarlo junto con las ganancias. La idea por ahora que estás empezando en no amarrar mucho tiempo tu dinero, no más de 6 meses. A menos que de verdad no lo vayas a necesitar en mucho tiempo y el fondo a largo plazo rinda muy bien.

Extras

Por favor ten en cuenta que el comportamiento de los fondos cambia constantemente. Es muy recomendable que hagas seguimiento periódico a tus fondos. No te preocupes, no es tan complejo y hasta podrías disfrutarlo. Aquí se sugiere realizar el cálculo del índice de Sharpe con la rentabilidad y volatilidad del último año, pero si tienes información de años anteriores, sería

bueno que también lo calcules para otros años para que veas como ha sido el comportamiento a largo plazo del fondo y si el último año refleja un comportamiento consistente con años anteriores o en dicho año pasó un evento de gran magnitud en el mercado que pudo distorsionar el cálculo.

Por otro lado, algunas empresas que tienen diversos fondos te ofrecen portafolios, es decir, ellos reparten tu dinero entre diferentes fondos que tengan. Tu dinero queda super diversificado entre fondos de alto, medio y bajo riesgo, a la vez fondos que invierten en acciones, renta fija, divisas, bonos, materias primas, de todo. Puedes solicitarle al asesor que te envíe las rentabilidades y las volatilidades promedio del portafolio como un consolidado y hacerle el análisis como si fuera otro fondo normal cualquiera. Muchas veces pasa que en esos portafolios hay fondos muy buenos y otros malos que dañan la rentabilidad general. Sin embargo, al asesor le pagan por conseguir poner recursos en todos los fondos y puede que no esté velando por tus intereses sino por los de su empresa. Tenlo en cuenta.

Puede que te resulte mejor tú mismo distribuir el dinero entre dos o más fondos que hayan pasado tu análisis. Pero inicia despacio, con un fondo bueno y cada mes le vas enviando tu ahorro y vas viendo en los extractos la rentabilidad del mes.

Espero que este capítulo dedicado al ahorro te haya aportado muchas cosas nuevas. No es fácil digerir todo esto cuando uno no ha explotado la inteligencia financiera. Tu mente que no quiere dejarte salir de la zona conocida, te intentará hacer creer que todo esto es demasiado esfuerzo y no vale la pena, que mejor dejes tu dinero en la cuenta de ahorros que es más fácil y ya, que igual la inflación es bajita solo pierdes unas pocas monedas y no pasa nada. No caigas en su trampa. Precisamente por no prestarle atención desde antes a estos temas es que las personas viven atadas a un empleo que nos les gusta o aguantando una pareja o un familiar que los mantiene, incluso los trata mal. Nada más pregúntate cómo te ha ido a ti con tu empleo o cualquier situación de la que te sientas prisionero por siempre hacer las cosas de la misma manera hasta ahora.

Resumen del capítulo 10

- Los ahorros no son para gastar, son para invertir

- La importancia de ahorrar desde ya, así tengas muchos gastos o deudas, es que más rápido en el futuro tendrás una base de dinero para invertir.

- Para facilitarte ahorrar, debes pagarte a ti primero, es decir, apenas recibas cualquier ingreso, separa mínimo el 10% y ponlo en un sitio donde no lo veas. Así tu cerebro se olvida de ese dinero y se las arregla para que puedas vivir con lo que sobre.

- La inflación hace que tu dinero pierda valor. Tus ahorros deben estar en una parte donde los rendimientos sean mayores a la inflación o estás perdiendo dinero.

- Si no cuidas tu dinero ni te importa que pierda valor, tu dinero no cuidará de ti luego.

- Un fondo de inversión es una gran alternativa para empezar a comprender cómo debes lograr que tu dinero rinda más que la inflación e irte adentrando al mundo de las inversiones.

11. ¿Sabes cuánto te costarán tus Deudas en el Futuro?

Los Grilletes que no te dejan ser Libre

Hemos llegado a un tema supremamente crucial si no queremos ser prisioneros (económicamente hablando) de ninguna situación, de ningún empleo o de ninguna persona; las deudas. Estas obligaciones económicas que adquirimos ejercen una presión psicológica casi silenciosa en nosotros y en diferente intensidad para cada persona. Las deudas se aprovechan de nuestro afán de querer todo ya, para arraigarse profundamente en nuestras vidas y permanecer con nosotros el mayor tiempo posible. Es curioso la facilidad con la que las personas adquieren deudas, pero la dificultad que tienen para pagarlas.

El problema respecto a la deuda es que nunca nos enseñaron para que sirve ni cómo se utiliza, y en una sociedad acelerada, consumista, que quiere todo ya y con muy baja educación financiera esto es mortal. Cuando yo aún no conocía la inteligencia financiera, un mes de junio compré un TV de 60 pulgadas porque estaba en promoción. En ese entonces costó unos 900 dólares. Como yo tenía el salario fijo de mi horrible

135

empleo y además bonificaciones en diciembre, no le vi problema en comprarlo con mi tarjeta de crédito y lo puse a 36 cuotas para tener cuotas bajas con el compromiso de saldar la deuda con las bonificaciones de diciembre de ese mismo año. No me importaba cuanto eran los intereses ni cuanto al final terminaría pagando por mi televisor, yo lo quería ya y para mí, costaba 900 dólares y tenía que aprovechar la promoción; era un tonto si no lo compraba. En mi mente, la excusa para comprar el TV fue que me estaba dando mi regalo de diciembre adelantado.

Pues resulta que la estrategia de usar mi bonificación decembrina no solo la apliqué para el televisor, sino que un computador portátil gamer de $2000 dólares, videojuegos, sofá, y otras compras menores también fueron mis regalos adelantados de diciembre. Cada nuevo regalo adelantado me hacía olvidar el anterior. ¿Qué pasó al llegar diciembre? Oye, es diciembre, hay que comprar regalos, así que mi bonificación se fue en gran parte comprando más y más cosas, y del compromiso de pagar la deuda del televisor, del computador y del sofá no me volví a acordar. Como compré a 36 cuotas mi tarjeta de crédito no me asfixiaba tanto y pues que el sueldo de los meses siguientes se encargara de ella. ¿Te suena familiar esta historia? ¿Cuántas veces has hecho tú algo similar? incluso te pregunto, ¿te parece que es la forma normal en cómo las personas pueden adquirir las cosas que quieren? Una persona me dijo una vez: *"es que, si no me endeudo, nunca voy a poder tener las cosas que quiero, yo no soy rico"* ¿Estás de acuerdo?

Si respondiste que si a alguna de las preguntas anteriores, simplemente es porque no te enseñaron a manejar las deudas, ni las tarjetas de crédito. No te preocupes, muy poca gente lo sabe en realidad; lo bueno es que ya mismo vas a aprender.

La espiral de la muerte

Seguramente habrás escuchado hablar de la carrera de la rata, el famoso concepto que popularizó Robert Kiyosaki. Si no, te lo explico rápidamente. Básicamente la gente se endeuda de mala manera para poder tener ya las cosas que quieren, pero no pueden pagar. Luego tienen que trabajar para tener dinero y así

poder pagar sus deudas y cubrir sus gastos. Luego de pagar sus deudas del mes, terminan sin dinero y tienen que volver a trabajar para volver a ganar dinero para poder pagar las deudas del siguiente mes y así en un ciclo infinito hasta que logren el retiro con una pensión o dejen este mundo.

La carrera de la rata es la vida de cualquier persona que tiene que vender su tiempo por dinero. Sin embargo, cuando detestas tu empleo, cuando vives frustrado todos los días, alegando y quejándote, cuando vives externalizando la culpa y piensas que todo lo malo de la vida te pasa a ti, la carrera de la rata se queda muy corta. Para un empleado que llega a odiar su trabajo, la situación es todavía peor. Al menos en la carrera de la rata siempre recorres la misma distancia, el diámetro de la rueda no aumenta, sin embargo, para estas personas esa rueda se convierte en una espiral que cada vez los lleva más hacia dentro y cada vez es más difícil salir.

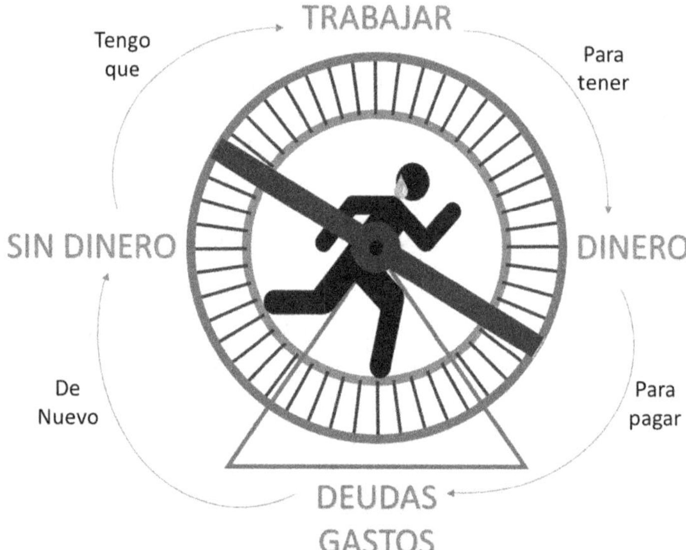

Recuerdo que cuando yo estuve en esa situación, llegaba a tomar hasta 4 analgésicos diarios, vivía con amigdalitis cada mes, enfermo y cansado. Por más que no lo quisiera demostrar estaba exhausto tanto física como mentalmente. Es una situación horrible y cada vez uno sabe menos cómo salir de ella. Todo esto me llevaba a que los fines de semana yo saliera como loco a buscar cosas que me hicieran olvidar temporalmente mi miserable vida laboral. Compraba ropa de marca, videojuegos, salidas a desayunar, almorzar y cenar, idas al cine cada semana con comida del cine que es la más cara. No es que ninguna de estas cosas esté mal, no, lo que pasaba era que la mayoría no las necesitaba. Gastaba el dinero por distracción. Al final del mes solo me quedaba una frustración más grande que la que tenía porque ninguna cosa que compraba me liberaba de mi horrible empleo, y una deuda en la tarjeta de crédito constante que crecía y crecía.

Incluso compré un apartamento con hipoteca, un carro nuevo, mi computador portátil y muchas otras cosas. Entre más detestaba mi empleo, más frustración tenía, frustración que me hacía endeudar cada vez más buscando satisfacciones momentáneas, pero al final inútiles y así más me amarrada a ese empleo y a la necesidad de mi sueldo. Esto hacía cada vez más difícil mandar ese empleo al carajo, porque cada vez tenía más deudas.

Como ves, es una carrera de rata, pero donde el diámetro de la rueda cada vez crece un poco más, se vuelve una espiral. El camino que recorriste hace un mes ya no es el mismo que recorres este mes, la frustración es mayor, el cansancio es mayor, te enfermas más, sufres más. Es una espiral creciente, y si de alguna forma no la detienes, puede que la detenga tu cuerpo o tu mente con una enfermedad grave.

Sin ir tan lejos, yo trabaje con una señora de edad, que sin exagerar ha sido uno de los mejores seres humanos que he tenido la fortuna de conocer. Toda la vida trabajó para esa empresa, incluso a ella le gustaba su trabajo, no era como yo. Por saber mucho, terminó en el departamento donde yo trabajaba (no porque yo supiera mucho o fuera un departamento de gente superdotada, no, me refiero más bien a manera de castigo, saber mucho en esa empresa solo te traía problemas y más trabajo por poco salario). Ella era jefe en su departamento y la pasaron donde yo estaba como una simple analista, bajo el mando de gente inútil que sabía menos que ella, que la estresan sin importarle su edad, que le pedían cumplir reglas de un departamento nuevo que ella no conocía. Por más buena persona y alegre que ella era, se le veía cansada, estresada, triste. Ella también era una persona muy enferma y su jefe era tan canalla que cuando ella necesitaba hacerse algún examen, no le daba permiso, sino que le descontaba el día de sus vacaciones. Al final ella murió de cáncer. Nadie puede decir que fue culpa de su empleo, pero en el fondo yo sé que la espiral contribuyó a empeorar de algún modo sus enfermedades.

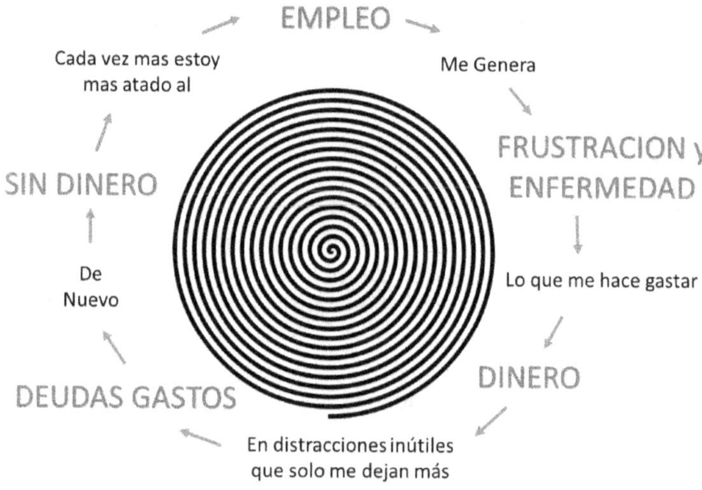

El mensaje con la espiral es que la frustración hacia lo que hacemos con nuestras vidas no es cosa para tomar a la ligera y que las deudas son uno de los principales motivos del por qué nos sometemos a semejante tortura. Así la espiral no te lleve a la tumba porque eres muy fuerte, ¿vale la pena vivir así toda tu vida por miedo a perder un salario? Miremos entonces cómo podemos impedir que las deudas nos aten y nos quiten nuestra libertad.

Cómo Comprar

El propósito de la inteligencia financiera y de ordenar tus finanzas es que aprendas a administrar tu dinero (y por ende tu tiempo) para utilizarlo en hacer tu vida más próspera. ¿Y cómo se logra eso? Dejando de gastar tu dinero en cosas que no necesitas y que solo te dan una satisfacción pasajera para que así tengas más para disfrutar de lo que te haga realmente feliz.

Si quieres algo tienes las siguientes opciones:

- **No lo necesitas o es una compra impulsiva**: No lo compres. Si es una promoción muy buena pero no lo necesitas entonces para qué comprarlo. Ejemplo de este tipo de compras puede ser ropa nueva cuando tienes el closet lleno de ropa que si mucho te has puesto 2 veces. ¿De verdad vale la pena intercambiar tiempo de vida por cosas de las que ya tienes suficiente y no usas?

- **Lo necesitas, mejora tu calidad de vida en el tiempo, pero no tienes el dinero**. Intenta comprarlo con la tarjeta de crédito a 1 cuota, para que así puedas llegar a tener hasta 45 días para pagarlo. Si en 45 días ves que no puedes pagarlo, intenta pedir un crédito en tu entidad financiera pues seguramente el interés será mucho más bajo que el de tu tarjeta de crédito. Así el crédito te lo den a 1 año, cada uno de los siguientes meses abona extra al crédito para pagarlo en la mitad del tiempo

- **Lo necesitas, mejora tu calidad de vida en el tiempo y tienes el dinero**. Cómpralo de contado o con tu tarjeta de crédito a 1 cuota para ganar millas o puntos.

Al comienzo va a ser difícil, sobre todo porque uno ha estado acostumbrado a comprar de una forma desde hace muchos años, pero como todo cambio, solo requiere un poco de esfuerzo y persistencia. Le estás enseñando a tu cerebro un nuevo hábito, y el solo trata de resistirse para permanecer en la zona conocida.

Pero es que con la tarjeta de crédito es más fácil. Claro que es más fácil, práctico y rápido y todo eso cuesta y te lo cobran. ¿Creías que era gratis? Mirémoslo con números. Vamos a pedir prestados $1.000 dólares, en el primer escenario a la tarjeta de crédito y en el segundo escenario a través de un préstamo bancario. La tarjeta de crédito vamos a suponer que tiene una tasa del 30%EA mientras que el préstamo bancario 12%EA.

Deuda	Tarjeta de Crédito	Préstamo Bancario
Valor a prestar	$1,000	$1,000
Tasa EA	30.00%	12.00%
Tasa Mensual	2.21%	0.95%
Periodos	36	36
Cuota	$41	$33
Total a Pagar al final	$1,461	$1,185
Intereses Totales	**$461**	**$185**

Observa como la facilidad, practicidad y comodidad de la tarjeta de crédito te cuesta en intereses $461, mientras que con el préstamo bancario solo pagarías $185 en intereses. Son $276 de diferencia. Si un amigo te dijera que te paga 276 por llenar un formulario e irlo a llevar al banco haciendo una fila de 30 minutos, seguramente te parecería una super oportunidad para ti. Ganarse $276 así de fácil, no puede ser verdad. ¿Entonces por qué cuando se trata de ti mismo no te parece que ganarte esos $276 dólares sea algo bueno?

¿Por qué usas la tarjeta de crédito y no te tomas la molestia de ir al banco a solicitar un préstamo? (Incluso ya puedes solicitar los préstamos por internet sin ir presencialmente al banco).

La respuesta simple en la mayoría de los casos es que no tenías ni idea de lo que te costaba comprar con tu tarjeta de crédito. En tu mente, aquella TV que compraste con tu tarjeta de crédito te costó $1.000 y eres super inteligente porque la compraste en promoción con el 33.3% de descuento; es decir la TV costaba $1.500 pero tú la acabas de comprar en $1.000. Tu tarjeta de crédito te hizo aprovechar la super promoción. !!ERROR!! Al final de los 36 meses terminaste pagando por esa TV $1.461, casi lo mismo que el precio sin promoción. Si el motivo de comprar la TV no era porque la necesitarás para mejorar tu calidad de vida obteniendo satisfacción perdurable, sino por aprovechar la promoción, ¿Realmente aprovechaste la promoción?

La respuesta compleja va un poco más allá. Tú sabes que no necesitas lo que vas a comprar, sabes que con tarjeta de crédito te sale más costoso, entonces, ¿por qué compras? Porque en tu mente no hay una programación que diga "*Si tienes deudas, deja de comprar y endeudarte más y ese dinero úsalo para reducir las deudas que ya tienes*". ¿Te habías preguntado por qué nunca piensas en esa frase antes de comprar cosas? Porque no la tienes programada en tu mente. Es la misma razón por la que personas con cáncer de pulmón saben que no deben fumar porque es muy perjudicial, pero e igual fuman; sus mentes están programadas para fumar, así como tu mente está programada para gastar. Esa programación es la que hace que encuentres una y mil razones de porque necesitas comprar ese artículo ya mismo, así sea con la tarjeta de crédito y te olvides de calcular el costo de los intereses en el tiempo o de pensar si realmente lo necesitas o si ya tienes más de eso mismo en tu casa.

¿Cuál respuesta aplica más para ti, la simple o la compleja? ¿Realmente valió la pena comprar un TV nuevo para desconectar y guardar otro que ya tenías y que aún estaba bueno? ¿No sería mejor llevar a tu familia de paseo un fin de semana y atesorar recuerdos maravillosos que te darán felicidad?

Creemos que cuando compramos a crédito las cosas nos cuestan el precio que vemos en el almacén, pero no es así. Los intereses en el tiempo cuestan y mucho, lo que pasa es que muy poca gente los calcula. ¿Por qué no los calculan? porque tienen la creencia que ordenar las finanzas los hará tacaños, porque quieren todo ya y porque sus mentes están programadas para gastar y no para calcular costo de intereses. No comprar algo que no necesitas realmente no es ser tacaño, es saber administrar tu dinero para luego poder usarlo en momentos y cosas que sí te den felicidad perdurable, por las que si valga la pena intercambiar tu tiempo de vida.

No debo comprar más cosas a crédito si tengo deudas; ese dinero lo usaré para reducir mis deudas actuales

Entonces, ¿debo comprar todo de contado?

No. La deuda existe por un motivo y es para usarla, solo que debemos saber cómo usarla. Habíamos visto que hay deudas malas que son de las que hemos estado hablando y son cuando pedimos dinero prestado para gastar; y deudas buenas que son cuando pedimos dinero prestado para invertir en algo que nos generará un dinero que pague la deuda e incluso deje algo para nosotros.

¿Sabías que en algunos casos es mejor utilizar deuda que pagar de contado? Todo depende de tu mentalidad. Hay personas que se sienten muy presionados si tienen deuda y las quieren pagar lo más rápido posible. Otros, no les molesta estar endeudados y confían en que los ingresos de sus inversiones cubrirán sus deudas. Son solo 2 estrategias diferentes, válidas ambas. Lo que sí debes evitar son las deudas malas siempre.

Imagina que tienes $50.000 dólares y quieres comprar un apartamento que vale exactamente ese valor para luego venderlo tiempo después más caro y ganar la plusvalía o valorización. Suponiendo que la valorización del sector donde está el apartamento sea del 10% al año, tienes 2 opciones:

1. Compra de contado

Sacas de tu bolsillo $50.000 dólares (quedando sin dinero) y compras el apartamento. Luego 1 año después debido a la valorización (10%), el apartamento ya vale $55.000 dólares, tú lo vendes e ingresan a tu bolsillo $55.000. Tu ganancia neta fue de $5.000 en 1 año.

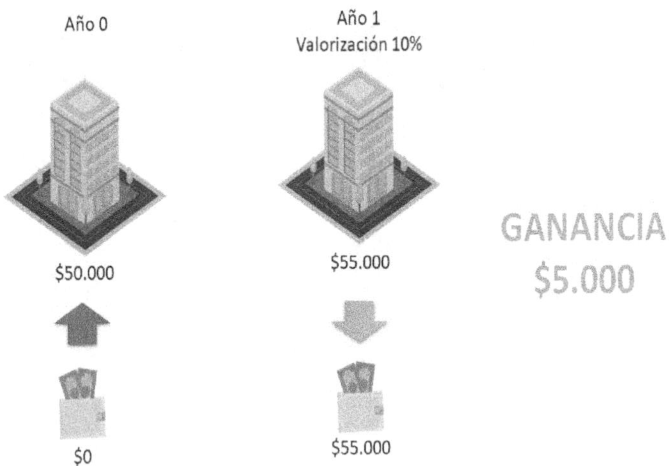

Si medimos cuánto rindió nuestro dinero, vemos que es igual a la valorización. 5.000 / 50.000 = 10% = valorización. Esta es una estrategia más segura donde no utilizas deudas y es más cómoda para personas que no les gusta mucho el riesgo.

2. Comprar con Deuda

En este caso, de tu bolsillo vas a sacar solo $25.000 dólares para comprar el apartamento y los otros $25.000 los pides prestados. Eso quiere decir que de tu bolsillo que inicialmente tenía $50.000, ahora ya no queda vacío como en la compra de contado, sino que queda con $25.000

Como en tu bolsillo aún quedan $25.000, decides comprar otro apartamento de los mismos poniendo tú $25.000 y

pidiendo prestados el resto. Ahora si tu bolsillo quedó en cero, tienes 2 apartamentos y 2 deudas.

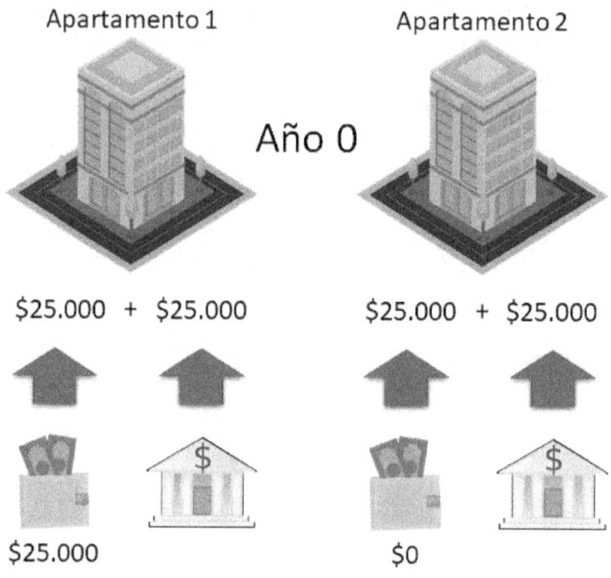

Pasado 1 año, la valorización hace que los apartamentos suban de precio y ahora cada uno vale $55.000, así que decides vender ambos y ganar la plusvalía. Al vender el primer apartamento recibes los $55.000 pero debes devolver el préstamo de los $25.000, entonces a tu bolsillo solo entran $30.000. Luego al vender el segundo apartamento, sucede lo mismo. A tu bolsillo entran otros $30.000 (quedando en total con $60.000) y has pagado ambas deudas. Como al comienzo tenías $50.000 y ahora en tu bolsillo hay $60.000, obtuviste $10.000 de ganancia.

Si medimos cuánto rindió el dinero, vemos que 10.000 / 50.000 = 20%

Viste cómo financiarse con deuda (buena) hace que nuestras ganancias aumenten. Y podías repetir el ejercicio sacando de tu bolsillo el 33.3% para comprar 3 apartamentos al mismo tiempo y así ganas más, Adelante, compruébalo por ti mismo. Lo que pasa es que cada vez tendrás que ser más hábil para lograr que te vendan las cosas dando tu menos de cuota inicial y más deuda. Obvio esto fue solo un ejemplo ilustrativo donde simplificamos muchos aspectos de la compra de un apartamento y de la deuda. Es una estrategia más arriesgada que comprar de contado, pero por lo mismo puede generar mejores ganancias. Hay gente que se siente cómoda con la adrenalina que produce tener múltiples deudas y al igual que pagar de contado, es una estrategia válida. El mensaje es que la deuda también puede ser buena para nosotros siempre y cuando sepamos utilizarla.

Muy interesante todo, pero ¿qué hago con las deudas que ya tengo?

Si te ha parecido reveladora la información que acabas de leer sobre las deudas, está bien, siempre es bueno aprender algo nuevo. Sin embargo, el problema está en las deudas que ya tienes.

Lo primero que debes hacer es no incrementar más tus deudas y va a empezar con meter la siguiente frase en tu mente: "*No debo comprar más cosas a crédito si tengo deudas; ese dinero lo usaré para reducir mis deudas*". Necesitas empezar a reprogramar tu mente para que deje de gastar tanto. Esto no es tan sencillo como parece pues las programaciones de nuestra mente son inconscientes, se activan y funcionan en automático. Así que debemos lograr que ese mensaje también, de alguna manera aparezca automáticamente al momento que queramos hacer una compra por capricho, euforia o impulso.

Algo que a mí me ayudó mucho para reprogramar mi mente fue pensar en mis resultados. Cuando estaba en mi horrible empleo, mis resultados no me gustaban para nada. Imagina un árbol donde cada fruto es un resultado en tu vida. Mis frutos eran: Frustración, vida sin propósito, dolor de cabeza permanente, deudas, desesperanza, depresión, dependencia económica de mi empleo, cero ahorros, cero inversiones, infelicidad por nombrar algunos). Imagina colgando en tu habitación un poster de un árbol donde los frutos tuvieran esas palabras. Sería un árbol bastante tétrico y deprimente. A mí no me gustaban para nada los frutos de mi árbol, sin embargo, todos los días sólo abonaba ese árbol con quejas, alegatos, repartiendo culpas a los demás, culpando a otros y a la vida por mi desgracia y gastando el dinero en cosas que no me ayudaban. Es decir, no quería esos frutos, pero los alimentaba constantemente.

Detente un momento a pensar si estás a gusto con tus frutos, con tus resultados hasta hoy. Posiblemente no o al menos no con todos. ¿Qué frutos te gustaría que tu árbol diera? Quizás un fruto que diga felicidad, otro que diga vivir un propósito de vida, otro que diga trabajo ideal, otro que diga libertad financiera, otro que diga tiempo de sobra con la familia, otro que diga, ayudar a los necesitados, no sé, lo que para ti haga sentido y te hagan feliz. Y qué tal un fruto que dijera CERO DEUDAS MALAS, sería genial ¿no? ¿Has imaginado alguna vez cómo sería tu vida sin deudas? Tal vez no porque esa programación no te la enseñaron, nos programaron para vivir siempre endeudados, pero imagínate por un momento sin ninguna deuda. ¿Qué harías? ¿Cómo te sentirías? Yo me imaginé libre.

Es en este punto, donde empiezas a ver cómo sería tu vida con los resultados que quieres, como ese árbol comienza a convertirse de tétrico a un árbol hermoso, grande, verde, fuerte y con frutos dulces. Cuando visualizas los resultados que puedes llegar a obtener, es más fácil convencer a tu mente que reciba una nueva programación. Le dices, "*mira, desde ahora vamos a hacer esto para obtener esto*". Inténtalo, no tienes nada que perder y sí mucho que ganar. O sigues con los mismos resultados de siempre o intentas obtener unos mejores. Respecto a la deuda, nuestro fruto podrido es un endeudamiento alto, pero si programamos en nuestra mente la frase "*No debo comprar más cosas a crédito si tengo deudas; ese dinero lo usaré para reducir mis deudas*" seguramente nos desharemos de ese fruto y nuestro árbol dará un fruto bueno.

Cuando yo inicié con la meta de tener cero deudas malas, en vez de pensar en todo lo que no me iba a poder comprar, miré la situación como que había cometido un error al endeudarme de mala manera, el pasado es pasado, ya el error está hecho, ahora solo queda corregirlo. No se trata que te pongas a pensar "si hubiera hecho esto o hubiera hecho aquello", nada, sin culpa y sin vergüenza por el pasado, simplemente hiciste lo mejor que pudiste con la información que tenías. Ahora que tienes nueva información, intenta hacer lo mejor con ella para solucionar el error.

Una vez que has adquirido la consciencia de no incrementar más tus deudas, pasemos al siguiente paso: reducir las que ya tienes. No nos enseñaron que cuando tenemos deudas nunca debemos limitarnos a pagar solo la cuota mínima. Por si no lo sabías o tu mente te hacía olvidarlo, la cuota que sale en el extracto de tus deudas no es la cuota que tienes que pagar, no, es la cuota MÍNIMA que tienes que pagar, pero no significa que no puedas

pagar más de esa cuota. Pagar solo la cuota mínima de las deudas no solo te asegura tener que pagar el 100% de los intereses en el tiempo, sino que, en el caso de una tarjeta de crédito, por ejemplo, te hace creer que debes según el tamaño de la cuota mínima. Si la cuota es muy pequeña crees que debes poco. ¡Mentira! Puedes tener una gran deuda a mucho tiempo, pero la cuota mínima te hace creer que debes poco y tú te sigues endeudando.

Aquí es donde el truco de ver que todo esto es un problema que hay que solucionar sirve mucho. ¿Y cómo se soluciona? Abonando a tus deudas mucho más de la cuota mínima. De aquí en adelante ya no vale pensar porque no supiste esto desde antes, ni arrepentimientos ni nada, solo ganas de arreglar el problema, ¿OK?

Cómo pagar más rápido todas tus deudas

La cuota periódica de cualquier deuda se compone de dos partes: una parte del dinero se va como pago de intereses y la otra parte como abono a capital. Solamente la parte de abono a capital es la que resta al saldo de tu deuda, los intereses no.

Por ejemplo:

Deuda	Tarjeta de Crédito
Saldo a la Fecha	$1,000
Tasa MV	2.21%
Periodos	36
Cuota	$41

Por ejemplo, la cuota de esta deuda de $1.000 dólares son $41 dólares mensuales, pero no significa que cuando paguemos esos $41, nuestra deuda va a quedar en $959, no. De esos $41, y dependiendo del sistema de deuda utilizado, una parte se va para intereses y otra parte a capital. En algún momento, podría ser que de los $41, $22 se irían a intereses y solo $19 irían a capital, por lo que tu nuevo saldo de deuda sería $981 (1000-19 = 981). Los $22 que pagaste en intereses se los gana quien te prestó el dinero, pero a ti no te ayudan.

¿Por qué es tan importante hacer abonos a capital a las deudas? Porque disminuyen el saldo de tus deudas inmediatamente y con eso, a la vez disminuyen el tiempo de la deuda, lo que se traduce en que pagarás menos intereses. Seguramente estarás pensando que un abono a capital disminuye muy poco los intereses que tienes que pagar y si vale la pena tomarse tantas molestias. Vamos a responder con números.

Supongamos que adquirimos el siguiente préstamo hipotecario de 100.000 dólares a 20 años con una tasa de 8%EA

Préstamo	
Monto a Prestar	$100,000.00
Tasa EA	8.00%
Tasa Mes	0.64%
Periodos	240
Cuota	$819.15

Si hacemos la simulación de nuestro crédito hipotecario encontramos que al final de los 20 años pagando cuotas mínimas iguales de $819,15 habremos pagado al banco casi el doble de lo que nos prestó, lo que significa que lo que pagaremos en intereses es casi igual a lo que prestamos, además de tener que devolver los 100.000.

Total a Pagar	Intereses a pagar
$196,596.05	$96,596.05

Estoy seguro que de una u otra forma tú sabías esto, sabes que al endeudarse por mucho tiempo terminas pagando mucho en intereses, lo que pasa es que tu mente aún no tenía la programación de prestarle atención a esto. En este ejemplo, como nos dedicamos a pagar solo la cuota mínima, terminamos

pagando el 100% de los intereses en el tiempo. Además, nos demoramos exactamente 20 años para saldar la deuda.

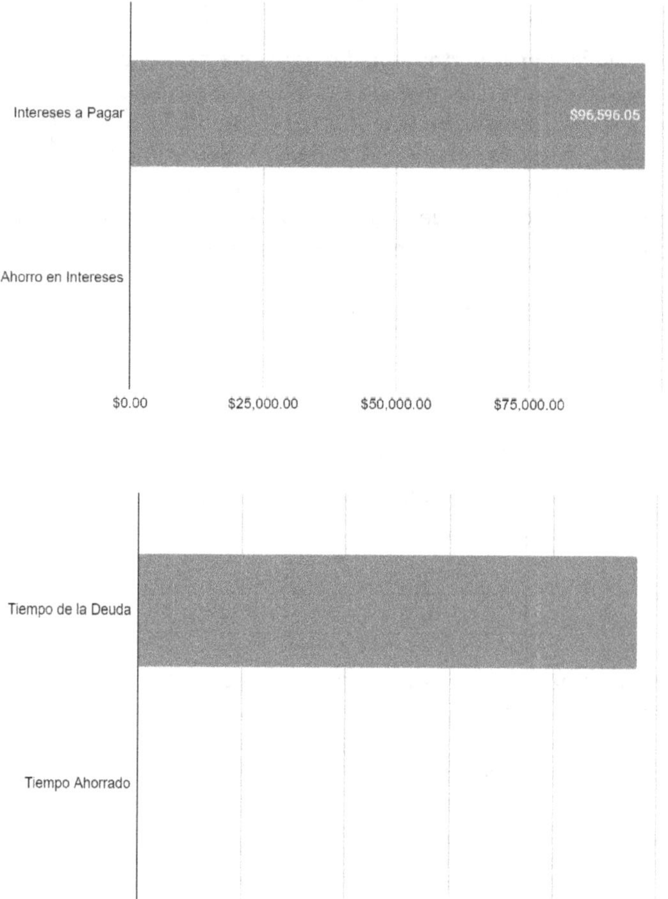

Ahora vemos que pasa cuando hacemos abonos a capital. Vamos a suponer que mensualmente durante el tiempo de vida de la deuda, además de pagar la cuota mínima, abonamos a capital $100.

Periodo	Saldo	Cuota	Intereses	Capital	Abono Cte	Abono Extra	Nuevo Saldo
1	$100,000.00	$819.15	$643.40	$175.75	$100.00		$99,724.25
2	$99,724.25	$819.15	$641.63	$177.52	$100.00		$99,446.73
3	$99,446.73	$819.15	$639.84	$179.31	$100.00		$99,167.42
4	$99,167.42	$819.15	$638.05	$181.10	$100.00		$98,886.32
5	$98,886.32	$819.15	$636.24	$182.91	$100.00		$98,603.41

Periodo	Saldo	Cuota	Intereses	Capital	Abono Cte	Abono Extra	Nuevo Saldo
186	$2,475.78	$819.15	$15.93	$803.22	$100.00		$1,572.56
187	$1,572.56	$819.15	$10.12	$809.03	$100.00		$663.52
188	$663.52	$819.15	$4.27	$814.88	$0.00		-$151.36

Con ese abono de $100 mensuales, nuestro crédito terminaría en el mes 188 ya no en el 240, es decir que dejamos de pagar intereses por 52 meses

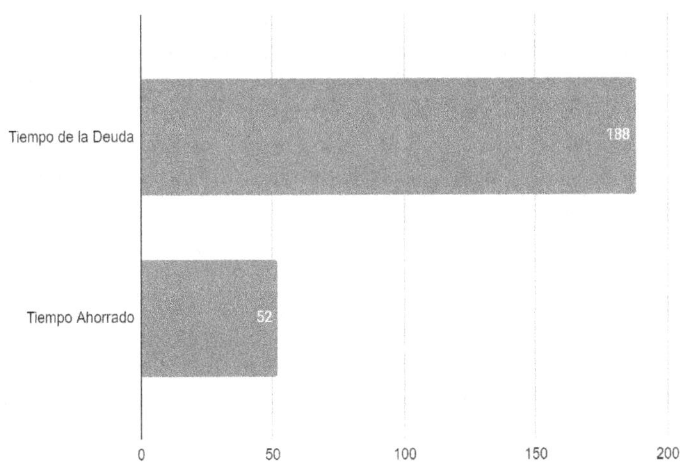

¿Y cuánto ahorramos en intereses? Al reducir el tiempo de la deuda a solo 188 meses y cada mes reducir más el saldo de la deuda con esos $100, terminamos ahorrándonos en intereses:

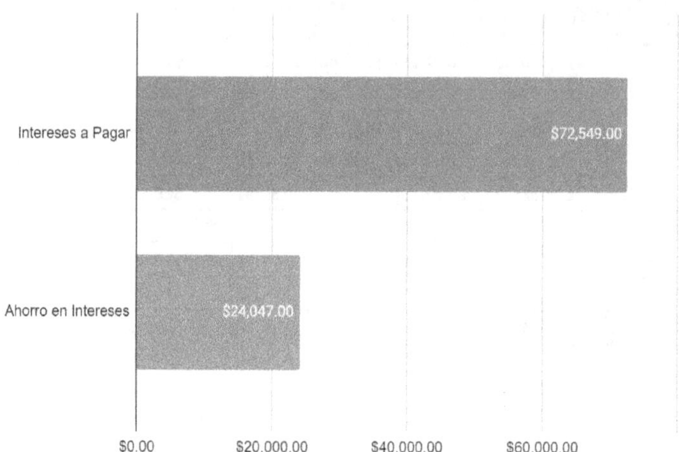

Observa cómo ya no tuvimos que pagar los $96.596 en intereses del caso 1, solamente pagamos $72.549, es decir que por hacer abonos constantes a capital de solo $100, nos terminamos ahorrando $24.047 dólares, en este caso casi un 25% de lo que pedimos prestado. Ves ahora el poder de los abonos a capital. Es mucho el dinero que deja de salir de tu bolsillo cuando haces abonos a capital.

Qué tal si hacemos el ejemplo abonando $200 dólares mensuales. Acabaríamos la deuda en el mes 156 o en el año 13, es decir que terminaríamos 84 meses o 7 años antes. Y en intereses ya no pagaremos $96.596 sino $58.561, es decir dejarían de salir de nuestro bolsillo $38.035. ¿No crees que vale mucho la pena?

Invertir o Pagar Deudas

Es una pregunta que mucho nos hacemos cuando no tenemos experiencia en inversiones. Muchas personas tienen ahorros a la vez que tienen deudas y han escuchado que uno debería invertir en una oportunidad que le dé más rentabilidad que los intereses que cobran las deudas y así los rendimientos de las inversiones pagarían sus deudas y les queda dinero para ellos. Esto está correcto y así es como la gente rica hace más y más dinero. La cuestión es que cuando no eres un inversionista experto, conoces solo unas pocas inversiones como un CDT (certificado de depósito a término) o algún fondo de inversión básico que te ofrecen en tu banco o quizás comprar un apartamento para alquilar y ya. Habrás escuchado hablar de criptomonedas, Forex, acciones, pero ni idea cómo acceder a esos portafolios, además que podrías perder dinero con ellos. Entonces como que sufres un bloqueo y tus ahorros siguen quedándose en la cuenta de ahorros perdiendo valor por la inflación, pudiéndolos utilizar de una manera muchísimo más inteligente y sobre todo rentable que si está a tú alcance totalmente.

Retomemos el ejemplo del abono a capital cuando abonamos $200 dólares mensuales. Vimos que el tiempo de la deuda disminuyó de 240 meses (o 20 años) a 156 meses (o 13 años) y que ya no tuvimos que pagar $96.596 en intereses sino solamente $58.561, es decir dejaron de salir de nuestro bolsillo $38.035

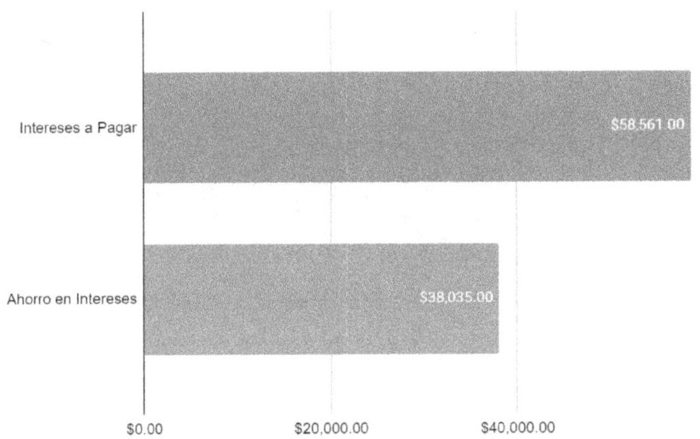

Pero para poder lograr este ahorro en intereses tuvimos que, mensualmente dar $200 dólares adicionales a la cuota mínima del crédito durante 155 meses, es decir, un total de $31.000 dólares que, como eran a abonos a capital terminaron siendo parte de los 100.000 que debías inicialmente.

Y qué tal si miramos estos $31.000 como una inversión y no como un pago. Cuando tú inviertes, es porque esperas obtener un valor mayor que el que invertiste. Pues resulta que, en una deuda, al hacerle abonos a capital es como una especie de "inversión a la inversa". Sí, suena enredado, pero no lo es tanto. Aquí no estás poniendo dinero para recibir más en el futuro, sino para en el futuro, evitar que más dinero salga de tu bolsillo pagando intereses. Con eso en mente, perfectamente podemos calcular matemáticamente el retorno de "invertir" esos $31.000 dólares en nuestra deuda.

Si hacemos abonos a capital por un total de $31.000 dólares y nos ahorramos en intereses $38.035 dólares entonces nuestro dinero "rindió" un 123% (38.035 / 31.000). Esos $31.000 evitaron que de mi bolsillo salieran $38.035.

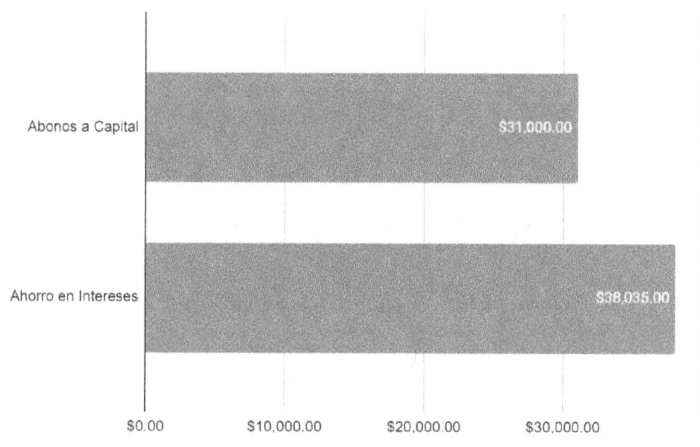

Ahora que pasaría si en vez de hacer abonos periódicos constantes, abonamos a capital una suma considerable en un mes específico. Imagina por ejemplo que tu bonificación de navidad que son $5.000 dólares la quieres abonar a capital en el mes 24 de tu deuda

Periodo	Saldo	Cuota	Intereses	Capital	Abono Cte	Abono Extra	Nuevo Saldo
1	$100,000.00	$819.15	$643.40	$175.75	$0.00		$99,824.25
2	$99,824.25	$819.15	$642.27	$176.88	$0.00		$99,647.37
.							
23	$95,860.80	$819.15	$616.77	$202.38	$0.00		$95,658.42
24	$95,658.42	$819.15	$615.47	$203.68	$0.00	$5,000.00	$90,454.74
25	$90,454.74	$819.15	$581.99	$237.16	$0.00		$90,217.58

Este abono generaría los siguientes efectos:

- El tiempo de la deuda se disminuiría de 240 a 218 meses
- El pago de intereses disminuiría de $96.596 a $82.978 (ahorro de $13.618)
- ROI = $13.618 / $5.000 = 272%

Qué pasaría si los $5.000 dólares los abonamos antes, en el mes 6.

Periodo	Saldo	Cuota	Intereses	Capital	Abono Cte	Abono Extra	Nuevo Saldo
1	$100,000.00	$819.15	$643.40	$175.75	$0.00		$99,824.25
2	$99,824.25	$819.15	$642.27	$176.88	$0.00		$99,647.37
.							
5	$99,290.20	$819.15	$638.84	$180.31	$0.00		$99,109.88
6	$99,109.88	$819.15	$637.68	$181.47	$0.00	$5,000.00	$93,928.41
7	$93,928.41	$819.15	$604.34	$214.81	$0.00		$93,713.60

Este abono generaría los siguientes efectos:

- El tiempo de la deuda se disminuiría de 240 a 215 meses
- El pago de intereses disminuiría de $96.596 a $80.875 (ahorro de $15.721)
- ROI = $15.721 / $5.000 = 314%

Observemos que al abonar más pronto a capital nuestro dinero rinde mucho más, disminuye más tiempo de deuda y evita que paguemos más intereses. Algo que, si no sabias debes aprender desde hoy y dejarlo grabado en tu mente, es que en los primeros

periodos de las deudas es donde más tenemos que abonar a capital porque es donde mayor efecto genera el dinero que abonemos. Miremos que pasa si durante el primer año de esta deuda hiciéramos tres abonos a capital de $5.000 cada uno, en el mes 3, 8 y 11

Periodo	Saldo	Cuota	Intereses	Capital	Abono Cte	Abono Extra	Nuevo Saldo
1	$100,000.00	$819.15	$643.40	$175.75	$0.00		$99,824.25
2	$99,824.25	$819.15	$642.27	$176.88	$0.00		$99,647.37
3	$99,647.37	$819.15	$641.13	$178.02	$0.00	$5,000.00	$94,469.36
4	$94,469.36	$819.15	$607.82	$211.33	$0.00		$94,258.03
5	$94,258.03	$819.15	$606.46	$212.69	$0.00		$94,045.34
6	$94,045.34	$819.15	$605.09	$214.06	$0.00		$93,831.28
7	$93,831.28	$819.15	$603.71	$215.44	$0.00		$93,615.84
8	$93,615.84	$819.15	$602.33	$216.82	$0.00	$5,000.00	$88,399.02
9	$88,399.02	$819.15	$568.76	$250.39	$0.00		$88,148.63
10	$88,148.63	$819.15	$567.15	$252.00	$0.00		$87,896.63
11	$87,896.63	$819.15	$565.53	$253.62	$0.00	$5,000.00	$82,643.01
12	$82,643.01	$819.15	$531.73	$287.42	$0.00		$82,355.59

Estos abonos generarían los siguientes efectos:

- El tiempo de la deuda se disminuiría de 240 a 175 meses
- El pago de intereses disminuiría de $96.596 a $57.779 (ahorro de $38.817)
- ROI = $38.817 / $15.000 = 259%

Y si aparte de estos 3 abonos de $5.000, hicieras abonos periódicos constantes de $200, los efectos serían:

- El tiempo de la deuda se disminuiría de 240 a 122 meses
- El pago de intereses disminuiría de $96.596 a $38.726 (ahorro de $57.870)
- ROI = $57.870 / $39.200 = 148%

Te diste cuenta como el abono a capital puede cambiar tus deudas y por ende tu calidad de vida de una manera impresionante. Esta información estuvo siempre a tu alcance, solamente que no tenías en tu programación mental hacerte preguntas como ¿Qué pasa si abono $5.000 a mi deuda en el mes 12? o ¿Qué pasa si abono $100 mensuales? Generalmente en nuestra mente están otro tipo de preguntas menos importantes como ¿Será que aprovechó la promoción? ¿Y si luego está más caro o se agota? Espero que con todo esto ahora tengas una visión diferente y mucho más amplia sobre las deudas y cómo se deben manejar. Ahora veamos cómo pagarlas más rápido cuando son varias

El Método SnowBall o Bola de Nieve

Vamos a utilizar el método Snowball o Bola de nieve para llegar a la meta de no tener deudas. Este método consiste en crear un sistema de pago de deudas donde cada vez más abones a capital a tus deudas para terminar de pagarlas mucho más rápido y así evitarte pagar con tu dinero más intereses.

Supongamos que tienes 5 deudas diferentes que al mes te están quitando $400 dólares para poder pagar sus cuotas mínimas.

Deudas	Cuota Mínima al Mes
Deuda 1	$50
Deuda 2	30
Deuda 3	120
Deuda 4	110
Deuda 5	90
Total	**$400**

Luego de un tiempo de tener esas 5 deudas no solo habrás pagado intereses con tu dinero, sino que, además, de alguna forma has adaptado tu estilo de vida para vivir sin esos $400 que se te van en el pago de deudas, es decir te has acomodado a vivir con tus ingresos menos $400. Luego lo que normalmente pasa es que apenas terminas de pagar la primera de esas 5

deudas, ya no tienes que pagar esos $50 dólares y los liberas. Ahora solo tienes que destinar $350 en el pago de tus deudas. PEROOOOOO, el problema es que apenas liberas esos $50 dólares, estos pasan a ser parte de tu estilo de vida, es decir, te los gastas o peor aún, adquieres una nueva deuda. Así te la pasas en un ciclo infinito cumpliendo tu programación mental de que toda tu vida debes estar endeudado para conseguir lo que quieres.

Con el método bola de nivel vamos a darle una nueva programación a tu mente. Si ya te acostumbraste a vivir sin esos $400, primero, no vas a incrementar tus deudas (ni en cantidad ni en monto), y segundo, te vas a ajustar a vivir sin esos $400 hasta que hayas pagado todas tus deudas. Esto quiere decir que, por ejemplo, si terminaste de pagar la primera deuda y ya no tienes que destinar esos $50 dólares en su pago, este dinero no va a ser para gastar ni para ir recuperando tu estilo de vida anterior, no, esos $50 los va a abonar a capital a la siguiente deuda para terminar de pagar más rápido. Es decir, así termines de pagar la primera deuda y liberes una parte de tus ingresos, vas a hacer de cuenta que esa deuda aún existe y que los $50 aún los necesitas para pagar deudas. Mejor dicho, vas a seguir viviendo sin los $400.

Luego, llegará el momento en que pagues la segunda deuda. Ahora tienes libres los $50 de la primera deuda y los $30 de la segunda deuda. ¿Significa que ahora tienes $80 para gastar? NOOOOOOOO. Esos $80 que están libres, vas a hacer de cuenta que aun los necesitas para pagar deudas y se los vas a abonar a capital a la deuda 3. De esta manera siempre estarás destinando $400 al pago de deudas mientras aún tengan deudas pendientes, y como ya estabas acostumbrado a vivir sin esos $400, pues no te será tan difícil sobrevivir. Una vez pagues la tercera deuda liberarás, $200 dólares. ¿Son para gastar? ¡Muy bien! ya sabes que no. ¿Puedes adquirir una nueva deuda ahora que has liberado capacidad de pago? NOOOOOOOOOOOOOOO. Recuerda que no podemos incrementar el número de deudas ni en monto ni en cantidad. Ahora vamos a tomar esos $200 y se los vamos a abonar a capital a la deuda 4. Cuando termines la deuda 4, habremos liberado $310 dólares al mes, los cuales abonarás a capital a la deuda 5 hasta terminarla y felicidades ahora eres una persona LIBRE DE DEUDAS.

Como vimos anteriormente los abonos a capital ejercen un efecto muy poderoso sobre nuestras deudas y muy beneficioso para nosotros. Con el método de bola de nieve, nos aseguramos que las deudas reciban abonos a capital crecientes y constantes, y de esa manera estaremos libres de deudas mucho más rápido. Si al método bola de nieve le sumas cualquier abono a capital extra por tu cuenta, lo aceleras todavía más (por ejemplo, con bonificaciones de diciembre).

Entonces para salir de deudas debo hacer algunos sacrificios, sí, claro que sí, no es fácil. Pero recuerda que estás tomando la situación como un error del pasado que ahora quieres corregir y para corregirlo debes sacrificar algunas cosas por una recompensa mayor. ¿Cuál es esa recompensa mayor? Pues nada más con el sencillo ejemplo anterior, lo primero es que a tu estilo de vida se sumarán de forma perpetua los $400 dólares y como te habías acostumbrado a vivir sin ellos, cuando los tengas libres para ti, te parecerán una bendición. Lo segundo y más importante es tu libertad. Al no tener deudas, te sentirás menos atado y menos dependiente de cosas como un empleo o de situaciones como pedirle prestado dinero a alguien o de personas que se creen con derechos sobre ti simplemente porque te prestaron dinero.

Ejercicio del capítulo 11: Bola de Nieve para tus deudas

Vamos a aplicar el método bola de nieve ahora con tus números.

1. Lista tus deudas

Haz un listado de todas tus deudas teniendo en cuenta a quién le debes, el saldo a la fecha, la tasa efectiva anual de la deuda (si te dan la tasa mensual o nominal, conviértela en tasa efectiva anual EA) y el tiempo restante que le queda a tu deuda. Toda esta información la puedes obtener del extracto bancario de la deuda.

Crea una lista como la del siguiente ejemplo.

A quién le debes	Saldo a la fecha	TEA %	Tiempo Restante Meses	Tiempo Restante años	Total intereses por pagar	
Deuda 1	$26,357	11.8	216	18.00	$35,054	
Deuda 2	$6,622	13.49	47	3.92	$1,820	**Total que terminaría pagando**
Deuda 3	$1,664	12.9	53	4.42	$496	
Deuda 4	$1,068	30.6	34	2.83	$471	
Deuda 5	$760	30.46	20	1.67	$191	
Deuda 6	$238	30.6	12	1.00	$36	
	$36,709				**$38,070**	**$74,780**

Para calcular los intereses totales por pagar, busca un simulador de crédito o descarga una App de simulador de crédito. Has de cuenta que vas a calcular un nuevo préstamo donde el saldo a la fecha es el monto y utiliza la misma tasa efectiva anual y el tiempo restante de la deuda

Valor del Préstamo

$26,357.00

Interés del Préstamo

Efectiva Anual　▼　11.8%

Tiempo del Préstamo

Meses　▼　216

Cuando tengas el valor que pagarías en intereses por cada una de tus deudas, súmalos para que veas lo que terminarás pagando adicional al saldo de tus deudas. Continuando el ejemplo, tenemos deudas por $36.709 pero

solo en intereses terminaremos pagando más de lo que debemos ($38.070). Al final de todas nuestras deudas habremos pagado 74.780

2. **Prioriza tus deudas**

Este paso se trata de ordenar tus deudas en cual pagarás primero, cual de segunda y así hasta la última. Hay 2 formas básicas de priorizar tus deudas según la personalidad de cada quien:

Si eres una persona muy analítica y lógica seguramente querrás pagar primero las deudas que te están costando más, es decir, las de las tasas más altas. Viendo el ejemplo tenemos que la deuda con la tasa más alta es la deuda 4 con una tasa de 30.6, luego seguiría la deuda 6, luego la 5, luego la 2, la 3 y finalmente la 1

Si eres una persona más emocional y requieres victorias tempranas para coger confianza y animarte, lo recomendable sería pagar primero la deuda más pequeña para que veas resultados rápidos y te animes a continuar con el proceso. Según lo anterior el orden de las deudas sería: primero la 6, luego la 5, luego 4, 3, 2, 1

Realmente puedes priorizar las deudas como quieras, lo que importa es que te animes a continuar y no desfallecer hasta ser libre de deudas. Hay personas que las ordenan de menor a mayor tiempo restante también.

3. **Renegociar tus deudas**

Esto es algo que poca gente sabe y todavía menos gente aplica. Cuando tú tienes una deuda, le estás generando un ingreso pasivo a la persona que te prestó el dinero. Y como ya vimos, los ingresos pasivos son la clave para alcanzar la libertad financiera y ser rico, son muy preciados. Esto significa que otras personas o entidades quisieran que tu pasaras el saldo de tus deudas con ellas para así ganarse los ingresos pasivos. Es decir, si tienes una deuda con un banco, los demás bancos van a querer comprar tu deuda, para que tú les sigas pagando a ellos.

Para lograr convencerte que te vayas con ellos, te pueden ofrecer mejores condiciones (tasa, cuota, tiempo) de las que tienes con el dueño actual de la deuda y eso es muy conveniente para nosotros. Ten en cuenta que no te conviene para nada aumentar el tiempo de tus deudas, pues ya viste lo que cuestan los intereses en el tiempo. Muchos bancos te ofrecen disminuir la cuota y la mayoría de las personas caen redondos en la trampa, porque creen que al mes van a pagar menos. Pero al disminuir la cuota se extiende el tiempo de la deuda, por lo que al final te puede salir más costosa la jugada. Lo mejor para ti sería una disminución en la tasa de interés. Existen empresas o asesores financieros especializados que te pueden ayudar a negociar tus deudas con las entidades financieras y encontrar las opciones más óptimas para ti. Lo importante es que sepas que puedes vender tus deudas a alguien más y que son algo que cualquier entidad quisiera comprar.

Si quieres renegociar las deudas por ti mismo, puedes seguir estos pasos:

- Solicitar a tu acreedor actual refinanciar (disminuir) la tasa de interés. No aceptar cambios de plazo ni disminución de cuota (a menos que tus deudas estén demasiado descontroladas y tu situación sea muy crítica).

- Ir a otras entidades (mínimo a 3) a buscar una compra de cartera. No aceptar ninguna oferta, solo pedir una carta donde certifiquen la nueva tasa a la que te comprarán tu deuda. Solo aceptar disminución de tasa de interés.

- Llevar a tu acreedor actual las cartas de otras entidades con mejores tasas y solicitar que te den una tasa más baja que todos los demás

- No aceptar la oferta de tu acreedor actual. Solicítalo una nueva carta con la nueva tasa y esa carta la llevas a las entidades que visitaste previamente. Pídeles a ellos una mejor tasa.

- Repetir el proceso 2-3 veces hasta lograr la mejor tasa posible

Una vez hayas obtenido mejores tasas de interés en tus deudas, actualiza la tabla del punto 1

A quién le debe	Saldo a la fecha	TEA %	Tiempo Restante Meses	Total intereses por pagar	Nueva TEA	Nuevos Intereses por Pagar	Ahorro
Deuda 1	$26,357	11.8	216	$35,054	9.7	$28,004	$7,050
Deuda 2	$6,622	13.49	47	$1,820	12.5	$1,685	$135
Deuda 3	$1,664	12.9	53	$496	12.9	$496	$0
Deuda 4	$1,068	30.6	34	$471	21	$325	$146
Deuda 5	$760	30.46	20	$191	25	$159	$32
Deuda 6	$238	30.6	12	$36	20	$24	$12
	$36,709			**$38,070**		**$30,693**	**$7,377**

Observa muy bien, solo con renegociar las tasas de las deudas, ya nos ahorramos $7.377 dólares, aproximadamente una quinta parte del saldo a la fecha. Esto se debe a que conseguimos una menor tasa de interés sin extender el tiempo de las deudas.

Si alguien te dijera que te va a pagar $7377 dólares porque hagas unas cuantas llamadas y visites unos cuantos bancos averiguando compras de cartera y tasa de interés lo harías sin dudarlo ¿verdad? Pues bien, eso es lo que te vas a ganar si lo haces para ti mismo, así que sin pena y adelante. Recuerda que cualquier entidad financiera se va a pelear por comprar tu cartera. Tú no vas a mendigar, tú vas a hacer negocios, tú eres el cliente y ellos los necesitados de ti.

4. **Aplicar bola de Nieve a tus deudas ya renegociadas**
Una vez renegociadas tus deudas, vamos a suponer que las priorizaste así: 6, 5, 4, 3, 2, 1

Prioridad	Saldo a la fecha	Tiempo Restante Meses	Nueva TEA	Nuevos Intereses por Pagar	Cuota Mensual
Deuda 6	$238	12	20	$24	21.86
Deuda 5	$760	20	25	$159	45.92
Deuda 4	$1,068	34	21	$325	40.97
Deuda 3	$1,664	53	12.9	$496	40.76
Deuda 2	$6,622	47	12.5	$1,685	176.74
Deuda 1	$26,357	216	9.7	$28,004	251.67
	$36,709			**$30,693**	**$578**

Vemos como necesitamos $578 dólares al mes para cubrir nuestros pagos a deudas (cuotas mínimas). Pero apenas podamos pagar completamente la deuda 6, que es la primera según nuestra prioridad, estaríamos "liberando" $21,86 dólares, los cuales como ya sabemos, se irían como abono a capital de la deuda 5. Una vez pagada la deuda 5, liberaremos su cuota de $45,92, los cuales junto con los $21,86 se irán como abono a capital a la deuda 4. Y así seguimos aplicando bola de nieve hasta acabar con todas nuestras deudas.

Recuerda que estás corrigiendo un error de tu pasado que fue endeudarte de mala manera y ahora estás haciendo lo necesario para corregir dicho error. Cada que tengas dinero extra como una bonificación, destina parte de la misma a abonar a capital y a acelerar la bola de nieve. Corregir este error requiere sacrificios y un sacrificio puede ser que ya no vas a gastar el 100% de tu bonificación de navidad. Piénsalo de este modo, siguiendo el ejemplo, si tu bonificación de navidad es de $2000 dólares al año y los inviertes en abonar a tus deudas, una vez termines de pagarlas habrás liberado perpetuamente $578 dólares mensuales, es decir que es como si cada 4 meses tuvieras bonificación de navidad y un poco más. ¿No crees que vale el esfuerzo?

Extras

Además de manejar tus deudas, hacer abonos a capital, en especial en los primeros meses de vida de las deudas, renegociarlas y aplicar bola de nieve, existe otro factor que te puede ayudar mucho a acelerar tu meta de no tener deudas y son los ingresos extra. Puedes buscar en internet miles de formas de como generar ingresos desde tu casa. Aquí te nombraré algunas ideas que puedes poner en marcha hoy mismo. Pero ten muy en cuenta que los ingresos extra que recibas serán para abonar a capital a las deudas y no para gastar.

- **Vende lo que no necesites.**
  Dale un vistazo a tu closet, a tu cómoda y cajones del olvido y encuentra cosas que no uses desde hace mucho tiempo. Ropa, tecnología, electrodomésticos, libros, juegos de mesa, videojuegos, consolas, computadores portátiles, celulares, televisores, lo que sea.

  No pienses en que esas cosas te servirán a ti (obvio no te sirven y por eso las tienen abandonadas) si no que piensa que a alguien más sí le pueden servir. Es decir, no las juzgues como si fueras a ser el comprador, tú eres el vendedor. Tómales fotos y súbelas a portales especializados en artículos de segunda mano (busca en Google, apps para vender ropa usada y saldrán muchas). Que tú no compres ropa usada, no significa que a otras personas no le pueda interesar. Muchas personas compran cosas de segunda mano y te aseguro que puedes hacer un buen dinero con ellas. Eso sí, no esperes venderlas al mismo precio que las compraste nuevas, obvio no, pero si piensa que es preferible recibir dinero por ellas, así sea poco, que dejarlas guardando polvo y tú con deudas.

  Intenta con apps como OLX, Mercadolibre, Closeando (ropa) o publica tus artículos en redes sociales, únete a grupos de facebook donde se venden cosas de segunda, o busca en internet alternativas en tu país. Todo vale.

- **Ayúdale a otros a vender lo que no necesitan y cobra comisión**
  Una vez hayas aprendido la dinámica de vender tus artículos usados por internet puedes ofrecer tus servicios a tus familiares y amigos. Coméntales que pueden hacer

buen dinero deshaciéndose de lo que nos les sirve y que tú puedes ayudarles con el proceso. Pregúntales cuánto esperan recibir por el artículo y trata de venderlo más caro y te ganas la diferencia o pacta un % de la venta final para ti.

- **Lluvia de ideas**
  Invita a familiares y amigos y reúnelos ya sea en tu casa o por videoconferencia y pídeles que te den ideas sobre cómo generar ingresos. Las mejores ideas son las que no requieran dinero inicial, se implementen rápido y generen buenos ingresos. De este ejercicio pueden salir cosas como por ejemplo pasear perros los fines de semana. Aunque no lo creas es un trabajo que deja muy buenas ganancias. Podrías enfocarte en gente mayor de la tercera edad que ya no puede estar sacando a su perro al parque 3 veces al día y tu podrías ayudarles y ganar dinero por ello.

Resumen del capítulo 11

- Vivimos endeudados porque nunca nos enseñaron a manejar bien la deuda. Por el contrario, nuestra mente fue programada para gastar y vivir endeudada.

- Las personas que detestan mucho su empleo o lo que hacen para sobrevivir, caen en lo que se ha denominado en este libro, la espiral de la muerte, donde la frustración les hace gastar su dinero y endeudarse para adquirir en cosas que solo les proporcionan satisfacción pasajera. Luego se quedan sin dinero, pero con muchas deudas y se siguen atando económicamente a aquello de lo que se quieren deshacer.

- Tus 2 posibles finales de la espiral si no haces nada para salir de ella son: o la tumba porque de estar exhausto viviendo todos los días en una situación que te hace miserable, te estresa y te deprime, tu cuerpo y mente se enfermen gravemente, o logras sobrevivir y pensionarte, pero terminas siendo un adulto mayor frustrado porque nunca hizo nada útil con su vida y la desperdicio en una actividad que le generaba infelicidad.

- Empieza ya a programar en tu mente este mensaje *"Si tienes deudas, deja de comprar y endeudarte más y ese dinero úsalo para reducir las deudas que ya tienes"*

- La deuda buena puede ayudarte a obtener mayores ganancias en algunas de tus inversiones que si compraras de contado

- Los intereses de tus deudas en el tiempo pueden costarte incluso más que el mismo saldo de la deuda. Los abonos a capital son claves para que dejes de pagar tanto en intereses.

- Los abonos a capital tendrán mucho más efecto en tus deudas, entre más temprano los hagas. Ya al final de la deuda no vale la pena hacer abonos a capital

- Combina abonos a capital, bola de nieve, bonificaciones e ingresos extras, para acelerar enormemente los pagos de tus deudas hasta lograr la meta de tener cero deudas malas.

- Si tienes deudas malas en este momento, míralas como un error que debes corregir y para corregir ese error que cometiste en el pasado, ahora debes hacer sacrificios. Al final todo valdrá la pena porque al ser libre de deudas, disminuyen también enormemente las ataduras económicas que tenías hacia tu empleo, hacia otras personas o hacia situaciones que se roban tu libertad o invaden tu vida.

12. ¿En qué gastas tu Dinero?

Si no controlas tu Dinero, la falta de él te controlará a ti

Excelente el camino que has recorrido hasta aquí. A lo largo de la parte 2 hemos visto cómo, al iniciar con la administración de tu dinero, es importante centrarnos en el ahorro, las deudas y ahora vamos a centrarnos en los gastos.

Las personas que no han explotado su inteligencia financiera ven los gastos como su estilo de vida y ven la administración de los gastos como tacañería; no es así. Los gastos bien administrados son una gran fuente para generar dinero extra a través de dejar de derrocharlo en cosas que no necesitas. Cuando hablo aquí de cosas que no necesitas, son cosas que realmente NO NECESITAS, que compras y no usas ni 1 sola vez, y terminan o guardadas o en la basura. Ni siquiera estoy hablando de cosas que compras como lujos como el TV de 70 pulgadas, no, ese al menos alguna utilidad tiene. ¿Te interesa descubrir cuáles son esas cosas en las que gastas tu dinero sin darte cuenta y que nunca usas? Sigamos adelante.

169

Antes de administrar nuestro dinero, mi esposa y yo disfrutamos mucho hacer compras juntos, compras que en ese momento veíamos normales como ropa, zapatos, mercado, comida, ir a restaurantes, electrónica, etc. Era como un ritual salir el fin de semana a hacer compras para distraernos de la semana laboral. Algo que siempre hemos hecho en pareja es mercar. Cada fin de semana íbamos al supermercado donde encontrábamos todo fresco (y unos de los más caros de la ciudad) y salíamos con el carrito lleno de cosas. Para nosotros era algo normal, comprábamos lo que creíamos que necesitábamos y no comprábamos lo que creíamos que no hacía falta. Para ponerte en contexto, éramos solo dos personas, sin hijos, mi esposa almorzaba en la empresa donde trabajaba y el salario mínimo en el país era de unos $200 dólares.

Antes de empezar a administrar nuestro dinero, todo esto nos parecía normal, incluso nos sentíamos felices cuando aprovechamos algunas promociones o algunos productos tenían descuento. Resulta que cuando empezamos a registrar y contabilizar lo que gastamos en mercado y comida al mes, la cifra fue de $1.000 dólares, es decir, cinco veces el salario mínimo del país. Éramos solo dos personas, de las cuales mi esposa almorzaba por fuera en la empresa y nos gastamos esa cantidad de dinero al mes en comida. Pero eso no es lo grave. Tu dirás, si el dinero nos alcanzaba, que hay de malo en gastarse cinco veces el salario mínimo del país en comida. El tema era que una vez empezamos a contabilizar esto y nuestra mente al ver la cifra comprendió lo absurdo de la situación, empezó también a hacernos ver otras cosas más graves respecto a nuestra forma de mercar.

Resulta que empezamos a caer en cuenta que comprábamos jamones en exceso que congelamos en el refrigerador y que la mayoría de las veces no alcanzamos a consumir y se vencían congelados. De nuestro congelador salían paquetes de jamones sin abrir, vencidos, directamente a la basura (al estar vencidos ya no eran aptos para consumo). Lo mismo pasaba con el pan tajado para hacer emparedados. Comprábamos tanto pan, que se pasaba su fecha de vencimiento primero y teníamos que tirarlo a la basura. Y así pasaba con muchos otros productos que comprábamos. Claro, nosotros comprábamos esas cantidades pensando en siempre tener comida disponible y que no nos tocara ir al supermercado de emergencia porque faltara algo, pero igual siempre cada fin de semana ya era parte de nuestro estilo de vida ir a mercar.

Ves como esto ni siquiera se trata de los lujos o gustos que te das, si no de dejar de derrochar el dinero en cosas que realmente no necesitas y no usas. Esos jamones, esos panes, nunca los usamos, se fueron directo a la basura enteros. Pero mira cómo no fuimos capaces de darnos cuenta de lo absurdo de la situación hasta que nuestra mente vio que nos gastamos cincos veces el salario mínimo del país al mes en comida. Antes, cada fin de semana al llegar el nuevo mercado, botábamos cosas de mercados anteriores vencidas y nos parecía normal, no veíamos nada absurdo ni derroche ni nada. Si nos daba pesar botar la comida, pero no generábamos compromiso de cambiar esa situación. Solo hasta que nuestra mente vio la cifra de $1.000 dólares al mes en comida para dos personas de las cuales una almorzaba todos los días por fuera, fue que las alarmas se prendieron y empezamos a encontrar las razones de esa cifra. Cuidado, seguramente te está pasando a ti en este momento con cualquiera de las cosas en que gastas tu dinero y no eres consciente aún.

El adquirir esta conciencia, tomarnos la molestia de administrar nuestro dinero y saber en qué lo gastamos tiene unos frutos muy interesantes. Hoy en día mi esposa y yo tenemos como meta no gastar más de $500 dólares al mes en comida y la cumplimos. Lo que ganamos con eso son $500 dólares extra libres al mes que antes tirábamos a la basura en forma de comida vencida. No estoy exagerando, dejamos de derrochar $500 dólares al mes en comida que no necesitábamos. Ahora mi esposa se siente menos culpable en darse el gusto de comprar sus alimentos saludables para deportistas que son costosos, pero mejoran su calidad de vida. Todo por organizar un poco el destino de nuestro dinero. Imagínate tú pidiendo un aumento de $200 dólares mensuales en el empleo que no disfrutas, frustrado porque no te lo dieron y saber que organizando la forma en que gastas tu dinero pudieras recuperar $500 dólares mensuales de lo que malgastas. ¿No sería maravilloso?

¿Cómo logramos entonces esa conciencia? Sencillo, empieza por identificar cuánto dinero estás gastando al mes y en qué cosas.

Aquí quiero dejarte claro que no hay una forma única de hacerlo, debes adaptar la información de la inteligencia financiera y hacer lo que tenga sentido para ti. Por ejemplo, si a una persona le gusta el patinaje, puede que gaste mucho en su hobby, pero si éste le mejora su calidad de vida y contribuye a su felicidad pues es dinero bien gastado. Diferente será una persona que compró patines, accesorios y uniforme por moda y a los 15 días se dio cuenta que patinar no era lo suyo y todo termina guardado en el closet.

Empieza por medir lo que gastas

Lo primero que debes hacer por elección tuya y no como una imposición es querer encontrar fugas de tu dinero. Como vimos en la introducción de este capítulo, ni siquiera estamos hablando de que dejes de gastar en lujos y caprichos aún, sino en detectar con qué compras estás literalmente tirando tu dinero a la basura, como hacíamos mi esposa y yo con los jamones congelados vencidos.

Para lograr esto simplemente debes anotar todo lo que gastes. Determina cuáles son tus bolsillos o cuentas, es decir lugares donde tienes dinero para gastar

- Billetera o cartera (Donde guardas el dinero en efectivo que llevas contigo)
- Cuenta bancaria
- Tarjeta de crédito (vamos a hacer de cuenta que es como una cuenta bancaria)
- Dinero bajo el colchón (dinero en efectivo que no está contigo en tu billetera)
- Cualquier otro lugar donde tengas dinero para gastar

Por esto es importante que los ahorros estén en sitios aparte de estos bolsillos o cuentas, para no mezclar los ahorros con el dinero para gastar.

Una vez tengas definidos tus bolsillos o cuentas con dinero para gastar, ahora hay que empezar a anotar los gastos que hacemos (el dinero que sale de cada una de estas cuentas). La idea es

anotar en el momento que hagas el gasto para que luego no se te vaya a olvidar, sin embargo, hay personas que prefieren guardar los recibos y al final del día anotan todo. Como tú prefieras estará bien, siempre y cuando anotes todo. Aquí hay algunas opciones de cómo puedes anotar esto.

- **En un cuaderno o libreta**. Cada vez que hagas un gasto, anótalo en tu libreta con fecha, motivo y valor. Asegúrate que sea una libreta pequeña que puedas llevar contigo cómodamente.

- **En una hoja de cálculo.** Puedes diseñar tu propia hoja de cálculo para hacer el registro digital de lo que gastas si prefieres más la tecnología que el lápiz y el papel. Sin embargo, asegúrate de tener el archivo disponible cada vez que lo necesites (en la nube por ejemplo) y hacer copias de seguridad del mismo.

- **Apps de registro de gastos.** Mi recomendación por practicidad y facilidad es que utilices una app de registro de gastos. Existen muchas en las tiendas de aplicaciones. La mayoría son de pago, aunque son muy baratas, no te salen ni en $20 dólares el año y si gracias a ellas, logras rescatar unos $200 dólares al mes en gastas innecesarios que haces, pues vale la pena. La app "Registro Contable" en su versión free te permite casi todas las funcionalidades necesarias para llevar tu registro. Puedes iniciar con ella y luego si te hace falta, pagas la versión completa.

Como ves, puedes iniciar fácilmente a registrar todos tus gastos de la forma que quieras. Otro consejo que puedo darte es que inicies sin preocuparte mucho de la exactitud; es decir, en el primer mes que inicies a registrar tus gastos, seguramente te vas a olvidar de algunos, habrá cosas que no sabrás cómo anotar, te puedes confundir, el dinero que registraste no cuadra con lo que te queda en el banco, etc. Problemas van a haber muchos. No te preocupes, es la primera vez que lo haces y no será perfecto. Simplemente estamos creando en nuestra mente el hábito de registrar lo que gastamos. Es como cuando un bebé está aprendiendo a caminar, tu no le gritas ni te enfadas cada vez que se cae, por el contrario, celebras cualquier pequeño paso que logra dar. Trátate a ti mismo como tratarías a ese bebé. Paciencia y perseverancia.

Un presupuesto que haga sentido para ti

Junto con el hábito de anotar todo lo que gastamos, debemos a la vez clasificar dichos gastos. Recuerda que el objetivo es encontrar fugas de dinero en cosas que no necesitamos, más que el total de lo que gastamos al mes (que también es útil saberlo). De lo que me he dado cuenta, porque yo también lo viví, es que uno de los principales problemas que tienen las personas para seguir un presupuesto es que empiezan con un modelo de otra persona que no hace sentido para sus vidas.

Recuerdo que cuando yo estaba empezando alguien me dio una plantilla de Excel de presupuesto donde había muchísimas categorías y a su vez, cada categoría tenía muchísimos conceptos. Recuerdo que la categoría de transporte tenía viajes en avión, viajes en taxi, autobús, bicicleta, mi propio automóvil, y dentro de mi propio automóvil había combustible, mantenimiento, limpieza, reparaciones, accesorios, etc. Era una plantilla gigante que intentaba cubrir todas las posibles combinaciones de todas las personas del planeta y yo solo necesitaba empezar a medir mis gastos. Claro, me abrumó, me dio estrés y terminé desistiendo esa primera vez.

Luego pensé en diseñar las categorías y conceptos del presupuesto de acuerdo a ese momento de mi vida y no pensando en lo que era correcto o incorrecto. Ese afán de querer hacer todo perfecto cuando ni sabemos por dónde arrancar no nos deja ni iniciar el camino. Piensa que es mejor registrar algo, así no esté perfecto pero alguna información útil te puede dar y que luego puedes ir perfeccionando en el camino, a nunca iniciar a registrar nada esperando hacerlo perfecto como contador profesional.

Mi recomendación es que empieces de lo general a lo particular. Define unas pocas categorías que si utilices frecuentemente en tu vida y no inicies especificando nada dentro de cada categoría. En mi caso fueron:

- <u>Alimentación</u>: Donde incluía inicialmente mercado, comida a domicilio, salidas a comer, y todo lo relacionado con comida.

- <u>Transporte</u>: Como yo tenía un carro particular, aquí anotaba todos los gastos del carro juntos como combustible, mantenimientos, repuestos, limpieza. Pero cuando registraba cada uno de estos gastos, todo era transporte

- <u>Vivienda</u>: Aquí anotaba todos los gastos de vivir en mi apartamento, como servicios, cuota de la hipoteca o alquiler, reparaciones, impuestos, etc.

- <u>Hijos y Mascotas</u>: Aquí anotas todos los gastos relacionados con tus hijos. Colegio, guardería, educación, mesadas, juguetes, exámenes médicos, todo. Debido a que un hijo es un gran pasivo en tus finanzas, si tienes más de 1 podrías incluso crear una categoría por hijo para saber cuánto gastas por cada uno. Recuerda que nuestro objetivo es descubrir fugas de dinero. En el caso de las mascotas: Alimentación, peluquería, medicamentos, consultas al veterinario, juguetes, etc.

- <u>Membresías</u>: Esta es muy importante. Son aquellos servicios de suscripción que pagas. Plan de salud extra o prepagado, Netflix, Spotify, Prime video, gym, cuota del club campestre y cualquier servicio de membresía

- <u>Sostenimiento</u>: Hace referencia a todos tus gastos personales que no caen dentro de ninguna de las demás categorías.

Puedes iniciar con estas pocas categorías. Si por ejemplo no tienes hijos ni mascotas, pues puedes omitir esas categorías. Si te gusta la fotografía, o haces deporte regularmente o ya de manera profesional pues puedes crear una categoría solo para saber cuánto dinero gastas en tus hobbies, sobre todo si cada mes gastas dinero en él. Esto es solo un ejemplo para iniciar, pero intenta adaptarlo a tu vida, a lo que haga sentido para ti.

Si tienes de pronto un pequeño negocio o empresa, las finanzas personales se manejan completamente aparte de tus negocios.

Una vez tengas definidas tus categorías generales, empieza a anotar tus gastos en la app o en el lugar donde hayas elegido. Anotar el mes o la fecha, la categoría y el valor del gasto. Luego al final del mes haces subtotal por categoría para identificar cuando te gastaste en cada una de ellas y cuando fue tu gasto total en el mes. Una vez más te repito que no tienes que hacerlo perfecto como contador profesional al primer intento. Miremos un ejemplo para entender lo que buscas

Supongamos que anotaste los siguientes gastos en el mes de septiembre:

Fecha	Categoría	Valor Gastado	Descripción
01/09	Alimentación	60.00	Mercado
05/09	Membresías	30.00	Gym
13/09	Membresías	150.00	Club Campestre
15/09	Alimentación	50.00	Salida a comer
15/09	Membresías	20.00	Netflix
19/09	Membresías	20.00	PlayStation Net
19/09	Sostenimiento	30.00	curso online
25/09	Vivienda	80.00	Servicio eléctrico
25/09	Vivienda	120.00	Administración
29/09	Sostenimiento	80.00	Videojuegos

Si hacemos un subtotal por categoría obtendremos lo siguiente:

Categoría	Valor Gastado	%
Alimentación	110.00	17.19%
Membresías	220.00	34.38%
Sostenimiento	110.00	17.19%
Vivienda	200.00	31.25%
Suma total	**640.00**	100.00%

Observa cómo esta persona tiene el 34.38% del total de sus gastos del mes solo en la categoría de membresías. Es un gran porcentaje, más de ⅓ de sus gastos vienen de esa categoría. Ahora supongamos que esta persona tiene un trabajo desgastante que no le deja mucho tiempo libre, incluso los sábados debe trabajar media jornada y cuando llega a casa está sin energía. Lleva 3 meses sin ir al club campestre, su Playstation está cubierta de polvo por la falta de uso y solo usa sus ratos libres para ver series en Netflix tratando de olvidar su horrible empleo.

¿Qué inconsistencias ves allí? ¿Qué arreglarías tú sin pensarlo dos veces si fueras esa persona? Claro, esta persona gasta mucho dinero en cosas que no está usando. Si hace 3 meses no va al club campestre porque no tiene tiempo, ¿para qué sigue pagando esos $150? Si su consola de videojuegos está en el olvido, ¿para qué paga el servicio de jugar en línea y gasta $80 dólares en videojuegos en promoción si igual no los juega? El problema es que esta persona, como nunca había llevado registro de sus gastos, no podía llegar a estas conclusiones por sí sola. Su mente no veía esta fuga de dinero. Recuerda que solo hasta que vemos una cifra en nuestras finanzas es que la mente cae en cuenta que la situación es muy absurda para nuestro estilo de vida en ese momento.

Ese tipo de cosas son las que quiero que encuentres con tus cifras y tu seas capaz de sacar las conclusiones. Cuando te enfrentes a este tipo de información reveladora, intentarás justificar de alguna manera el por qué debes gastar en algo que no usas. *"ok hace 3 meses que no voy al gym y lo estoy pagando mes a mes automático con mi tarjeta de crédito, pero es que el siguiente mes si voy a ir"*. ¿De verdad crees que si no has ido en 3 meses el otro mes va a ser diferente? Si haces el propósito, ok, yo te creo y paga el siguiente mes, pero si no vas, inmediatamente debes cancelar ese gasto porque estás tirando tu dinero a la basura. Recuerda, cuida de tu dinero y luego tu dinero cuidará de ti.

¿Y por qué dejar de pagar por aquellas cosas que en algún momento utilizaste y que pueda que en el futuro vuelvas a necesitar? Deja de vivir en el pasado y en el futuro, estás en el ahora y si ahora no las necesitas, deja de gastar tu dinero en esas cosas. Si tienes deudas, ya sabes que endeudarte fue un error que ahora debes corregir y si dejas de gastar el dinero en lo que no usas y lo abonas mejor a capital a tus deudas, ya viste la magia que se puede producir. Si ya no tienes deudas, ahorra ese dinero para que más rápido rompas la cadena económica que te ata a algo que no disfrutas, como un horrible empleo, por ejemplo.

Date uno o dos meses para adquirir el hábito de registrar tus gastos. Trata siempre de anotar todo, entre más anotes, más información reveladora podrás encontrar. A medida que vayas anotando y anotando te vas dando cuenta si tus categorías iniciales necesitan ajustes. Adelante y sin miedo ajústalas a tu realidad no importa que vayas a mitad del mes. Estás aprendiendo y afinando detalles.

Poniendo metas a tu presupuesto personalizado

Bueno, pero ¿un presupuesto no debería llevar unos topes de los que no te debes pasar? Claro que sí, si no, no sería un presupuesto. Todo lo anterior fue con el fin de adquirir el hábito de registrar tus gastos y ese es el objetivo en los dos primeros meses. Cuando ya tengas ese hábito y más o menos hayas identificado algunas fugas de dinero, ahora viene el reto de tener un presupuesto que no es más que controles tus gastos para que gastes menos.

Lo que vas a hacer es que a cada categoría le asignarás un tope del que no te puedes pasar. Ese tope lo definirás de acuerdo al subtotal de tus categorías en los primeros registros mensuales. Le vas a proponer a tu cerebro como reto intentar no pasarse de los topes. No es lo mismo no tener un techo a poner un punto de medida. Cuando manejas un tope o meta por categoría y ves que a mitad de mes ya estas por romperlo, pues intentas tomar medidas tanto para ese mismo mes como para los siguientes. Por el contrario, si nunca defines topes, nunca te darás cuenta si vas bien o mal, no tienes marco de referencia. Reta tu mente a gastar menos.

Siguiendo nuestro ejemplo, si veo que me gasté el mes anterior $110 en alimentación, puedo ponerme el reto para este mes de solo gastar $100. Si lo cumplo, fantástico, si no, debo ajustar mi presupuesto. Si vuelvo y me paso del presupuesto, entonces es porque $110 si es el valor correcto para presupuestar mi alimentación al mes. No hay una regla válida que te diga a todas las personas del mundo cuál es el valor correcto para gastar en alimentación al mes. Por eso te digo que se trata de adaptar toda esta información y darle sentido para tu vida.

Categoría	Valor Gastado	Presupuesto
Alimentación	110.00	100.00
Membresías	220.00	20.00
Sostenimiento	110.00	90.00
Vivienda	200.00	190.00
Suma total	**640.00**	400.00

En el caso de las membresías de este ejemplo, luego de ver cómo el dinero se desperdiciaba en servicios que no se usaban, el presupuesto puede ser solo $20 (que es el valor de la membresía de Netflix que es lo único que esta persona usa en verdad). Con este ajuste, el presupuesto de gasto de esta persona al mes es de $400 y si lo cumple, estaría ahorrando $240 dólares al mes que puede abonar a capital a sus deudas para librarse más rápido de ellas y, por ende, librarse más rápido de aquello a lo que está atado económicamente como un empleo horrible.

Una vez domines este proceso luego de analizar unos cuantos meses y corregido fugas de dinero, ya tienes todo lo necesario para seguir mejorando tu presupuesto. Ahora puedes escoger las categorías más relevantes que quieras analizar a fondo y subdividirlas en conceptos. Por ejemplo, si mes a mes estas gastando mucho dinero en la categoría de Alimentación, crea subcategorías como mercado, salidas a comer, domicilios. Ahora cuando vayas a registrar tus datos, ya no le pones Alimentación a todo, sino que detallas a cuál subcategoría pertenece el gasto, para empezar a determinar si tu dinero se te va es en mercado o si mercas por qué gastas tanto en pedir a domicilio, por ejemplo.

Haciendo alusión a la filosofía de mejoramiento continuo, es fácil detectar problemas macro como el de las membresías en el ejemplo, lo realmente difícil es detectar los problemas hormiga, es decir ir al detalle para obtener máximo beneficio, pero de eso se trata la calidad. Así que cuando ya domines el hábito de anotar, ve por los gastos hormiga, crea subcategorías para detectarlos.

Cuando empiezas a ver que controlando tus gastos y administrando tu dinero empiezas a recorrer un camino hacia romper las cadenas económicas que te atan a algo o alguien que no te gusta, tu perspectiva respecto a las finanzas personales y hacia el dinero cambian. Las empiezas a ver como lo que son, un medio para un fin. Trayendo nuevamente la analogía del árbol y los frutos, empiezas a ver una forma en que tu árbol deje de dar frutos (resultados) malos, para que pueda empezar a dar unos frutos dulces para tu vida. Esta nueva perspectiva es la que hará, luego que veas los primeros resultados de este todo proceso, que ya tu solo seas más selectivo con los lujos que te das, y si consideras que no eran tan necesarios, prefieras ese dinero usarlo o para darte un lujo que si mejore tu calidad de vida y te haga feliz, o para abonar a tus deudas en pro de la felicidad que te dará ser libre de ellas o incrementar tus ahorros en pro de la felicidad que te traerá no estar atado económicamente a situaciones que no disfrutas.

Al comienzo del mes es mejor decirle al dinero a donde irse, que al final del mes estar adivinando a donde se fue

Ejercicio del capítulo 12: Construyendo tu presupuesto personalizado

1. Define en donde llevarás el registro de tus gastos. Si escoges una app por su practicidad de tenerla a la mano en tu smartphone para anotar los gastos, la app "registro contable" puede ser una muy buena alternativa gratuita, aunque existen muchas, escoge la que más se adapte a tus necesidades.

2. En tu cuaderno de trabajo, haz un borrador de las categorías que utilizaras. Cuando consideres que ya tienes las definitivas, impleméntalas en la app o donde vayas a registrar tus gastos. Si quieres definir un presupuesto inicial para cada categoría, puedes hacerlo intentado calcular rápidamente un valor en tu mente, sin embargo, no pierdas mucho tiempo en esto la primera vez, porque seguro cualquier cifra está lejos de la real.

3. Define en borrador también los bolsillos o cuentas donde tienes dinero para gastar e implementarlos en la app o donde sea que vayas a anotar tus gastos

4. Empieza de una vez a anotar tus gastos desde el mes actual, sin importar que vaya a la mitad. Luego continúa con el mes siguiente. Al final de cada mes, subtotaliza los gastos por categorías y encuentra información reveladora

5. Determina unos valores de presupuesto para cada categoría para el mes siguiente e intenta cumplirlos. También implementa ajustes a tus categorías si los consideras necesarios.

6. Una vez domines este proceso y ya no encuentres mucha información reveladora, es momento de detallar los gastos dentro de las categorías que consideres más importante analizar. Encontrar y erradicar los gastos inútiles más pequeños.

7. Repite todo el proceso mes a mes haciendo los ajustes que consideres necesarios. Siempre resalta cuánto dinero

lograste salvar del despilfarro cada mes. Esa es tu victoria, ese es tu resultado por el esfuerzo y dale un buen uso a ese dinero

Extra

Muy importante. Esto no se trata solo de sacrificio pensando en un mejor futuro. Si haces un gran esfuerzo y un buen trabajo, recompénsate por ello apenas tengas un resultado. Algunos autores sugieren que una vez que hemos tomado consciencia de la importancia de la inteligencia financiera, el 10% de nuestros ingresos, deberíamos gastarlo en darnos cualquier lujo o en consentirnos a nosotros mismos por el gran trabajo realizado mes a mes administrando nuestro dinero. No le prestes mucha atención al porcentaje (10%), pero si al final del mes lograste rescatar $300 dólares, pues usa $40 y regálate una cena con un buen vino si es lo que te gusta o esas zapatillas de running que tanto querías para salir a trotar. Muéstrale a tu cerebro que, si es juicioso y te ayuda a administrar tu dinero, habrá recompensa. Obviamente no vayas a gastar el 100% del dinero salvado en la recompensa porque no estarías haciendo nada. Ten siempre presente que tu gran objetivo es ser libre de deudas malas e incrementar tus ahorros para volverlos inversiones y así eliminar las cadenas que te atan económicamente a situaciones, personas o cosas que no te hacen feliz. La mayoría del dinero que rescates debería ir enfocada hacia ese fin.

Resumen del capítulo 12

- Llevar un registro de nuestros gastos es primordial porque podemos estar tirando literalmente nuestro dinero a la basura sin darnos cuenta.

- Crea primero el hábito de anotar tus gastos antes de querer hacer un cierre de mes como contador profesional. Es más importante la información reveladora que tienen tus cifras para mostrarte mes a mes que hacer un cierre contable perfecto

- El dinero que logres rescatar del despilfarro, utilízalo para abonar a capital tus deudas, incrementar tus ahorros y darte una recompensa por el esfuerzo y el buen trabajo que has hecho.

- El presupuesto no trata de seguir fielmente lo que a otra persona le sirvió. Por eso es que a la mayoría de gente se le complica este tema y desisten. Toma lo que haga sentido para tu vida y adáptalo a tu realidad. Cuando tengas que hacer ajustes hazlos sin miedo.

13. ¿Qué es la Frugalidad?

El Camino hacia tu Tranquilidad Financiera y hacia tu Libertad

Como habrás podido darte cuenta, esta segunda parte sobre inteligencia financiera es muy útil para cualquier persona, es algo que todos deberíamos saber y ojalá nos lo hubieran enseñado en la escuela porque bastantes problemas nos hubiéramos evitado. De hecho, esta segunda parte no solo le sirve a quienes están descontentos con su empleo; la segunda parte es algo que todo el mundo debería conocer porque se trata del manejo de nuestras finanzas. Así que, si conoces a alguien que tenga problemas en esta área, luego de leerla podrás recomendarla a cualquier persona sin importar que tan feliz o infeliz está con su empleo.

Con toda la información que te ha dado este libro, tienes una buena base para comenzar y de hecho ya has comenzado y ese primer paso es muy importante. Como dijo Lao-Tse: "**Un viaje de mil millas comienza con un primer paso**". Ahora miremos a donde debemos llegar. Sabemos que uno de tus objetivos es romper esas cadenas que te atan económicamente a tu horrible

empleo o a una situación o persona que no te hace feliz. Tanto la inteligencia emocional como la inteligencia financiera nos ayudan mucho con eso. Sin embargo, si miramos incluso más lejos, podemos ver como al romper ataduras, vamos ganando más y más libertad. Libertad de tiempo, para dedicarnos a lo que nos hace felices, dedicarnos a nuestras familias creando y compartiendo con ellos momentos inolvidables y tiempo para dedicarnos a nuestro propósito de vida brindándonos a los demás. Allá está nuestra verdadera felicidad y realización personal.

Por supuesto no estoy queriendo decir que este sea el único camino para lograrlo, pero si es un camino que nos puede facilitar mucho la vida en estos tiempos de tanta confusión y abandono espiritual y emocional.

La frugalidad como estilo de vida

¿Habías escuchado la palabra frugalidad? La frugalidad es un estilo de vida donde optimizas los recursos que tienes, a través de la sencillez, el ahorro y el consumo eficiente. Por el contrario de lo que las personas creen saber sobre la frugalidad, ésta no es para nada igual a tacañería, la cual solo simboliza y atrae escasez, mezquindad y ruina. Ser frugal significa gastar de forma eficiente, es decir, no desperdiciar recursos, vivir sin deudas y sin la necesidad de aparentar tener lo que está fuera de tus posibilidades en este momento, consumir lo que realmente necesitas y sobre todo valorar tu tiempo. Recuerda que el tiempo es un recurso invaluable que no se puede comprar.

La frugalidad es de lo que hemos estado hablando en este libro, no comprar cosas que no necesitas, mucho menos si esas cosas terminan sin usar en la basura, no vivir más allá de tus posibilidades, es decir, no endeudarte para aparentar, ahorrar para luego tener con qué invertir, y en general, optimizar tus recursos ahora, en pro de un mejor futuro, un futuro sin ataduras. La frugalidad es entonces disfrutar el valorar cada segundo de tu tiempo de vida y todas las cosas en las que los puedes invertir que te hagan feliz. Como ves aquí no se habla de ser tacaño ni de escasez. Tampoco dice que solo está al alcance de ricos excluyendo a los pobres ni viceversa. La frugalidad es solamente un estilo de vida que cualquiera puede adoptar.

Pensarás entonces que si eres frugal no puedes disfrutar de todos los placeres de la vida. No es así. Los placeres de la vida son muchísimos. Necesitamos muchas vidas para conocerlos todos. La frugalidad se enfoca en optimizar tus recursos para disfrutar los placeres de tu vida, para dedicarte a lo que te da felicidad verdadera. Además, nunca he dicho que la frugalidad tenga un tope. Nunca he dicho que si en tu cuenta bancaria tienes 1 millón de dólares ya no eres frugal. Deja de compararte con otros y enfócate en ti. A medida que se expanda tu inteligencia financiera, la harás tu estilo de vida y en cada nueva etapa podrás seguir siendo frugal con los nuevos recursos que dispones. El límite lo pones tú.

Cuanto es suficiente

Para entender mejor el estilo de vida frugal y cómo podemos incorporarlo, vamos a analizar el dinero que gastamos versus la satisfacción que obtenemos pasando por 3 etapas: sobrevivir, estar cómodo y adquirir lujos

Para sobrevivir necesitamos realmente muy poco dinero. Si cayéramos en una situación de desgracia donde no tuviéramos fuentes de ingresos, ni ahorros, pero sí deudas y gastos, seguramente ajustaríamos de algún modo nuestro estilo de vida para sobrevivir con muy poco dinero. Por más problemas que tengamos, el sobrevivir con muy poco nos daría una gran satisfacción, al menos pasamos este mes. Obviamente durante el mes hubo estrés, angustias y sentimientos negativos, pero al final sobrevives. También aplica cuando consigues tu primer empleo y decides irte de la casa de tus padres a hacer tu vida. Al comienzo te toca sobrevivir si no tienes a nadie que te ayude económicamente.

Una vez que hemos dejado de sobrevivir y nuestra vida está un poco estable económicamente hablando, empezamos a gastar dinero en ciertas cosas que nos dan comodidades y nos vamos sintiendo más satisfechos. Por fin empiezas a ver los frutos del

esfuerzo que haces, sea en tu empleo o en tu emprendiendo o en lo que sea que te genere una fuente de ingresos. Compras el TV que querías, ya que no tenías, compras muebles, cambias la cama, etc. Todas estas cosas reflejan cómo vas progresando en lo que haces y son muy satisfactorias.

Entre más progresas en tu vida profesional o laboral, empiezan a aparecer en ti nuevas necesidades que antes no tenías y gastas más dinero tratando de satisfacerlas. Seguramente cuando estabas sobreviviendo, un TV pequeño te parecía una maravilla porque ni siquiera tenías uno, pero ahora ya quieres un TV curvo de 65 pulgadas para poder ver tus series en 4K y una barra de sonido 3D para completar tu propio teatro en casa. Son solo nuevas necesidades que salen por el momento que estás viviendo en tu vida, y te genera mucha satisfacción cuando puedes decir que antes no tenías nada, y ahora tienes tu propio teatro en casa o que antes tenías que tomar el autobús para ir a trabajar y ahora puedes conducir tu propio automóvil. Mira como estos lujos cambian realmente tu calidad de vida, la mejoran, y eso genera mucha satisfacción. Hasta allí estamos bien, hasta allí podemos decir, de cierto modo, que hemos gastado bien el dinero, porque nos ha generado satisfacción.

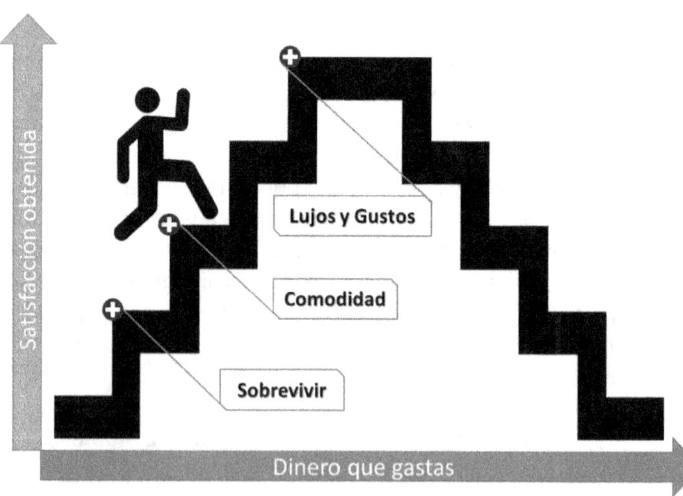

Lo que realmente no sabemos es que la satisfacción logra un pico respecto al dinero que gastamos y luego empieza a decrecer; es decir que, a partir de un punto, gastar más dinero, nos empieza a dejar menos satisfechos. Por más que tu digas que adoras el dinero, llega un punto en que las cosas que puedes comprar con él ya no te van a dar el mismo grado de satisfacción perdurable en el tiempo.

De lo anterior es que salió la errónea idea de que el dinero no compra la felicidad. El dinero si puede darte felicidad y mucha. Como no te vas a sentir feliz cuando logras vivir con tu familia en la casa de tus sueños, cómo no te vas a sentir feliz al decirle a tus padres *"muchas gracias por todo lo que hicieron por mí, déjenme yo les pago el resto de su hipoteca y disfruten de su casa propia"*. Como no te vas a sentir feliz al poder pagarle a un niño enfermo un tratamiento de $2000 dólares y que él o ella te agradezca que le hayas salvado su vida con un dibujo hecho con sus manos. Cómo no vas a sentir felicidad si vives tu ideal de vida brindándote a otros y tu dinero puede mejorar la calidad de vida de otras personas. Para mí, con estos actos que podemos hacer por otros, el dinero sí que compra la felicidad. Sin embargo, el problema está cuando somos egoístas y gastamos el dinero en cosas innecesarias, cuando la curva de la satisfacción empieza a decrecer.

¿Cuándo decrece la satisfacción? Cuando tenemos suficiente y queremos más. Trata de recordar cuando compraste tu primer TV. El mío fue uno de 42 pulgadas que en ese tiempo era gigante y ni siquiera era un Smart TV; la satisfacción que me generó fue enorme. Era el primer electrodoméstico que yo compraba con mi propio dinero. Luego compré mi primer Smart TV que me permitía conectarme a internet, ver Youtube y demás y todo fue mucho más cómodo. Me sentía importante con mi compra y muy satisfecho. Cuando mi salario aumentó un poco más y por aprovechar una "promoción" compré un Smart TV de 60 pulgadas, teniendo otros 2 televisores en casa. Vendimos el más viejito para hacerle espacio al TV de 60 pulgadas en la sala y tener un TV en el cuarto. Digamos que ese TV fue un lujo, no lo necesitábamos mucho, pero que bien se siente ver TV en una pantalla 4K de 60 pulgadas. Al día de hoy lo usamos todos los días.

Sin embargo, recientemente tuvimos la oportunidad de comprar un TV curvo de 65 pulgadas a un muy buen precio. Yo me imaginé que pasaría si lo hubiera comprado. Obvio lo pondría en la sala y el de la sala habría que mover todo el cuarto principal para poder acomodarlo por su tamaño. Luego el TV del cuarto no había dónde ponerlo porque nuestro apartamento no tiene cuarto de huéspedes. Seguramente habría que guardarlo. ¿Cuál crees que fue el TV que más satisfacción me dio al comprarlo y cuál sería el que menos me daría? Yo creo que el sentimiento que tuve al comprar mi primer TV no Smart ha sido incomparable, mientras que comprar el TV de 65, se sentiría muy parecido a cuando compré el de 60, de hecho, es menor porque todos los cambios que tocaría hacer en mi apartamento le restarían satisfacción, además tener la tarjeta de crédito endeudada ahora que sabemos sobre inteligencia financiera y conocemos lo que cuestan los intereses, también van a restar satisfacción. Pero ¿por qué pasa todo esto? Simple, porque eso que compramos no lo necesitábamos realmente, porque ya teníamos suficiente por el momento y aun así gastamos de más.

Entonces, ¿nunca podemos renovar nuestras cosas ni aspirar a tener mejores cosas? No he dicho eso. Depende del momento de vida de cada persona, depende de si lo que vas a comprar va a mejorar tu calidad de vida en alguna forma o solo lo estas comprando por gastar. Tú eres el que puede decidir. Si ese TV de 65 pulgadas mejorará en algo mi calidad de vida, hubiera sido una buena compra que me llenaría de satisfacción, pero como en ese momento de mi vida, no me iba a aportar nada, entonces es mejor no gastar el dinero.

Mira este otro ejemplo. En el edificio donde vivo mucha gente trabaja desde casa y solo hay un proveedor de internet, es decir todos tenemos wifi del mismo proveedor y yo no sabía, pero el wifi trabaja en 2 bandas: 2.4Ghz y 5Ghz. Pues resulta que nuestro proveedor solo maneja la banda de 2.4Ghz y como yo vivo en la mitad del edificio, pues alcanzó a captar las redes wifi de todos los vecinos y entre todas esas redes hacen interferencia y navegar por internet conectado a través de wifi se hace imposible. Tanto así que me tocaba conectar mi computador portátil al router por cable y era bastante incómodo. Buscando soluciones, encontré que podía comprar un router que manejara la banda de 5Ghz para wifi. Si no vemos el contexto, pues para que comprar un router si el proveedor de internet nos da uno, pero con la problemática que tenía, el nuevo router ha sido una bendición. Soy el único que todo el edificio que está en la banda 5Ghz, la tengo para mí solo, sin nadie que haga interferencia y mi wifi es casi tan rápido como navegar conectado por cable. Ahora trabajo super cómodo desde cualquier lugar de mi apartamento, sin cables ni nada. El comprar el router mejoró mi calidad de vida y más satisfecho no puedo estar.

Que tal yo habiendo comprado el TV de 65 pulgadas que no necesitaba, más el de 60, más el que quedaría guardado y en ninguno de los 3 podía ver series en línea porque el wifi del proveedor de internet hacia interferencia. ¿Te queda más claro ahora? Ejemplos hay muchos. En el caso de las mujeres es muy común que gasten mucho dinero en ropa y zapatos (obvio no todas lo hacen, pero en general es una tendencia). ¿Quién les dijo que no se pueden dejar ver con el mismo vestido 2 veces en el mismo mes? ¿Quién les dijo que tenían que tener un par de zapatos exclusivo para cada vestido? Y lo siguiente va tanto para hombres como para mujeres; nadie es tan importante como para que todo el mundo esté pendiente si repite un vestido o una camisa en el mes o en la semana. Y si creen que hay gente tan desocupada como para estar pendiente de cómo se visten los demás, con lo que ahora sabes, ¿de verdad te interesa estar rodeado de gente así? ¿Te interesa su opinión o amistad? Suerte con esas P.Q.E.K.s.

No llenes más de ropa un closet que ya está lleno, más bien, busca qué cosas podrían mejorar tu calidad de vida y cómpralas. De eso se trata, no es tacañería, es optimizar recursos. Ahora si tu closet está lleno de ropa que no usas y quieres renovarlo, vende primero lo que no uses para liberar espacio, o dona ropa en buen estado a fundaciones o gente que realmente la necesite, antes de comprar ropa nueva.

Ser frugal significa gastar de forma eficiente valorando así tu tiempo de vida

Cuando serás libre financieramente

Bueno, el concepto de libertad financiera se logra cuando tus ingresos pasivos (aquellos por los que no tuviste que intercambiar tu tiempo de vida) superan tus gastos. Es decir, serás libre financieramente cuando no tengas que cambiar tu tiempo de vida para pagar tus gastos. Como ves la libertad financiera involucra dos variables, los ingresos pasivos y los gastos. Pero la gente generalmente se enfoca solo en los ingresos pasivos y en construir cada vez más y más fuentes de ingresos pasivos, lo cual está perfecto, pero se olvidan de los gastos. Entre más gastos tengas, más te vas a demorar en ser financieramente libre. ¿Qué pasaría si al mismo tiempo que construimos nuevas fuentes de ingresos pasivos, disminuimos gastos? Se aceleraría todo el proceso.

No tienes que irte a vivir al bosque a cazar tu propia comida para disminuir tus gastos, nada de eso; simplemente deja de tirar tu dinero a la basura. Recuerda siempre los paquetes de jamones congelados vencidos que yo tiraba a la basura. Solo con este simple acto ya es mucho lo que estás contribuyendo a tu libertad financiera.

Entonces ¿nunca podrás tener una mansión o un auto deportivo ni nada de lujos de millonario? Tampoco he dicho eso. Una vez que experimentes la libertad financiera por primera vez con pocos gastos, tú puedes decidir seguir cambiando tu tiempo por dinero para aumentar tu calidad y vida y aspirar a lograr una libertad financiera que cobije muchas más comodidades y lujos, es como tú quieras, tú le pones el techo a tu vida, nadie más. Eso sí, deja de soñar y empieza a actuar. Antes del Ferrari, logra la libertad financiera con tus gastos actuales y después subes el listón un poco más. Algunos autores llaman a este primer paso la independencia financiera y la libertad financiera la dejan para cuando tus ingresos pasivos cubran incluso tus lujos y tus sueños. No hay problema, adopta la definición que te parezca que vaya más acorde contigo.

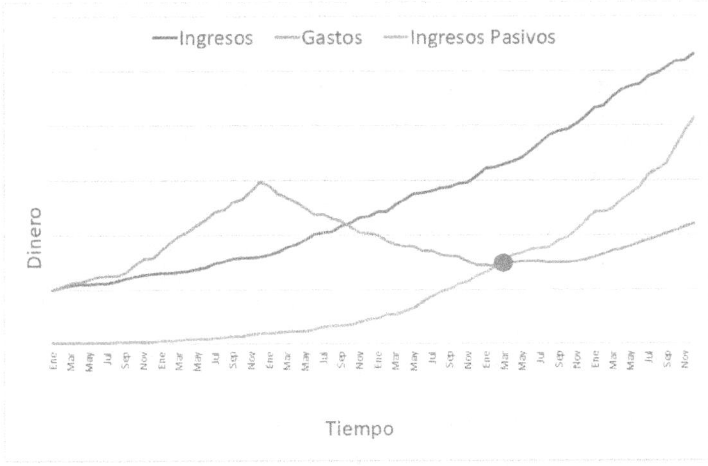

Mira en este gráfico de ejemplo como esta persona al comienzo tenía gastos iguales a sus ingresos, pero dichos gastos llegaron incluso a superar sus ingresos. Luego la persona inicia un proceso de adoptar un estilo de vida frugal y sus gastos empiezan a disminuir. A su vez, empieza a hacer algunas inversiones y a tener ingresos pasivos. Luego de un tiempo, logra un primer paso y es que sus gastos no superen su ingreso, la fórmula de la inteligencia financiera (ingresos > Egresos) a la vez que sus ingresos pasivos aumentan. Al cabo de un tiempo más, vemos como sus gastos se han estabilizado y sus ingresos pasivos ahora son mayores que sus gastos. Es en ese punto

donde podemos decir que la persona es financieramente libre o si lo prefieres ha logrado su independencia financiera.

A partir de ese último punto, donde los ingresos pasivos superan los gastos, la persona si lo desea puede dejar de trabajar y vivir tranquila. Pero también es válido que siga intercambiando su tiempo por dinero, para construir más fuentes de ingresos pasivos que le permitan cubrir nuevos gastos y nuevos lujos. Es válido, depende de cada quien hasta donde quiera llegar. Si mis fuentes de ingresos pasivos están creciendo mucho, ¿qué de malo tiene que incremente mis gastos en menor proporción para aumentar mi calidad de vida?

Juntemos todo y pongámoslo en marcha

Ahora miremos un resumen de los pasos de toda esta parte 2. No tienen un orden específico, inicia por donde te quede más sencillo, pero cubre todo lo que más puedas.

- Una de las primeras cosas que debes hacer es definir un lugar para tus ahorros. Crea un bolsillo virtual o crea otra cuenta bancaria pero que tenga cero costos de mantenimiento y cero costos por transferir entre tus cuentas. De tu próximo ingreso, vas a separar el 10% y lo mandas a ese bolsillo y vas a hacer de cuenta que ese dinero no existe. Si puedes automatizarlo, mejor aún. Ponte el reto de sobrevivir el mes sin ese dinero. Estoy seguro de que lo lograrás.

- Haz tu primer diagnóstico financiero (ejercicio del capítulo 9) y determina qué tan cerca o lejos estás respecto a la regla 10-20-70. Determina si debes disminuir deudas o gastos

- Determina cuando realmente estás ganando con tu empleo actual (ejercicio del capítulo 8) y si hay otros empleos que puedan pagar menos pero que al final te dejen más dinero libre. Evalúa la posibilidad de cambiar de empleo con esta nueva perspectiva

- Lista todas tus deudas y encuentra los intereses que tendrás que pagar por ellas. Esas cifras te motivarán a querer renegociar la tasa de tus deudas. (ejercicio capítulo 11)

- Construye tu propio presupuesto ajustado a tu vida, que haga sentido para ti. Define las categorías y mes a mes registra todos los movimientos de dinero que tengas. Haz los ajustes necesarios hasta que encuentre las categorías que hacen sentido en tu vida, los topes y subcategorías si aplican.

- Intenta reducir tus gastos lo más que puedas. Si tienes deudas, el dinero que rescates de tus gastos, abónalo a capital a tus deudas.

- Busca en tu casa todas las cosas guardadas que no usas y véndelas. Busca en internet en cuanto se están vendiendo objetos iguales o similares y gana dinero y espacio en tu casa. Ese dinero abónalo a tus deudas y si no tienes deudas, incrementa tus ahorros.

Empieza en el orden que desees, pero haz todos los ejercicios vistos en la parte 2. Esto no es una carrera de velocidad sino de persistencia. No son los cien metros planos, sino una maratón. No trates de hacer todo al tiempo. Dedícate un día a una sola tarea hasta que la definas y luego otro día a otra. Cuando tengas tus cifras claras, empieza a juntar los ejercicios para encontrar información reveladora. Lo más importante, te repito, es la persistencia.

Si con toda esta información puedes visualizar más claramente un futuro esperanzador, aférrate a esa imagen y que ese sea el motivo de ese esfuerzo. ¡¡FELICITACIONES!! ahora empezarás a explotar tu inteligencia financiera para que esta te ayude a romper las cadenas que te atan económicamente a lo que no te hace feliz.

Ejercicio del capítulo 13: El camino hacia tu libertad financiera

1. En una hoja de cálculo deja listo tu gráfico de libertad financiera. Registra la fecha, tu ingreso total este mes, tu gasto total y tus ingresos pasivos si tienes o cuando los tengas. La idea es que tus ingresos al igual que tus ingresos pasivos crezcan, mientras tus gastos disminuyen. Así aceleras el momento en que los ingresos pasivos igualen y superen tus gastos.

   Mes a mes vas anotando cuanto fueron tus ingresos, cuando tus ingresos pasivos y cuanto tus gastos y haces un gráfico que te vaya dibujando la tendencia de estas tres variables. Ver el gráfico frecuentemente durante cada mes te ayuda a focalizarte en la meta y a hacer ajustes en tus finanzas en pro del objetivo.

2. Debes tener realizados todos los ejercicios de la parte 2. Si te faltan algunos, es momento de hacerlos con tus cifras.

Resumen capítulo 13

- Ser frugal significa gastar de forma eficiente valorando así tu tiempo de vida. No tiene nada que ver con tacañería, la cual solo atrae escasez.

- Cuando gastas dinero generas satisfacción en tu vida. Sin embargo, no significa que entre más dinero gastes, más satisfacción generas. Llega un punto en que la satisfacción llega a su pico máximo y así gastes más dinero, la satisfacción disminuye. Cuando esto pasa significa que el gasto que hiciste era innecesario y no mejoró en nada tu calidad de vida.

- Lograrás la libertad o independencia financiera cuando tus ingresos pasivos superen tus gastos. Eso significa que para acelerar el proceso no solo puedes incrementar tus ingresos pasivos, sino también, reducir tus gastos.

Fin de la Parte 2

De nuevo ¡¡FELICITACIONES!!. Has concluido la parte 2 e incrementado enormemente tu inteligencia financiera. Esta parte 2 tenía mucha información que quizás no conocías y no es fácil digerirla e implementarla en nuestras vidas de un día para otro; pero te aseguro que es tremendamente útil y te facilitará mucho la vida en un futuro.

La inteligencia financiera puede darte la libertad que deseas. No solo te ayudará a librarte de un empleo que detestas o de una situación o persona que no te hacen bien, sino que te hará libre realmente de la necesidad de tener que cambiar tu tiempo de vida por dinero. El objetivo nunca fue brindarte información solo para mandar un único empleo al carajo, porque seguramente volverías a conseguir otro empleo donde te volvería a pasar lo mismo. El objetivo era mostrarte un camino para que seas libre, encuentres tu propósito de vida y alcances la felicidad al liberarte de cadenas emocionales y económicas.

También quiero que cambies tu perspectiva sobre un horrible empleo. Jamás te diré que lo aprendas a querer y a disfrutar, no, uno no debe conformarse y menos resignarse a algo que le hace mal. Pero puedes empezar a mirar tu empleo como la fuente de ingresos que te va a ayudar a alcanzar tus metas. Agradece cada ingreso que recibas, el dinero no tiene la culpa de la porquería de jefe que tienes ni de las "injusticias" que pasan en la empresa. En vez de enfocarte en lo malo que pasa en tu empleo (que algunas veces es imposible no hacerlo) enfócate en los resultados que obtendrás este mes administrando el dinero que te pagan en ese empleo. Observa cómo ese dinero, ahora que lo vas a administrar correctamente, te va acercando a la meta de poder mandar tu empleo al carajo.

Una de tus primeras metas será ahorrar el equivalente a 6 meses de tu salario, para poder mandar ese empleo al carajo si es lo que deseas y estar cubierto financieramente. Enfócate en lograr esa meta. Cuando tu jefe te haga dar rabia, piensa en esa primera meta, en cómo cada vez está más cerca ahora que has aprendido a administrar tu dinero y mide mes a mes los resultados. Sé que puedes y vas a lograrlo. Si ya tienes ahorrado el equivalente a 6 meses de salario, pero igual te da miedo mandar tu empleo al carajo, utiliza tu nueva inteligencia emocional y crea un miedo más grande que te ayude a disminuir tu miedo a quedar sin salario; y mientras lo haces, ahorra más para que no tengas que gastar todo tu dinero mientras encuentras una nueva fuente de ingreso

Si por el contrario con toda esta nueva información, tu inteligencia emocional y financiera te dicen que ahora puedes soportar mejor tu empleo porque el salario que te pagan es muy bueno y acelerarías tus metas, fantástico. No se trata de satanizar el empleo, no, hay empleos buenos y malos, como todo, y personas correctas e incorrectas para cada empleo. simplemente eso. Si logras cambiar tu perspectiva y ya no te amargas la vida en ese empleo consérvalo mientras te sirva y te ayude con tus metas. Eso sí, nunca te conformes, ni te resignes. Tu tiempo de vida y tu felicidad son más importantes que cualquier cosa. Puedes estar en un empleo mientras aceleras tus metas, pero si no te hace feliz, no te acostumbres, siempre mantente en movimiento buscando otras opciones, que de seguro habrá algo mejor para ti siempre que lo busques y creas que existe.

PARTE 3:

Llegó la Hora. Rompe las Cadenas

Parte 3:
Llegó la hora. Rompe las cadenas

Esta parte 3 se compone de algunos consejos que quiero compartir contigo cuando ya tengas la decisión tomada de mandar tu empleo al carajo. Ahora que has explotado un poco más tu inteligencia emocional y financiera, miremos algunas recomendaciones que puedes seguir o no (todas son opcionales), todo depende de ti.

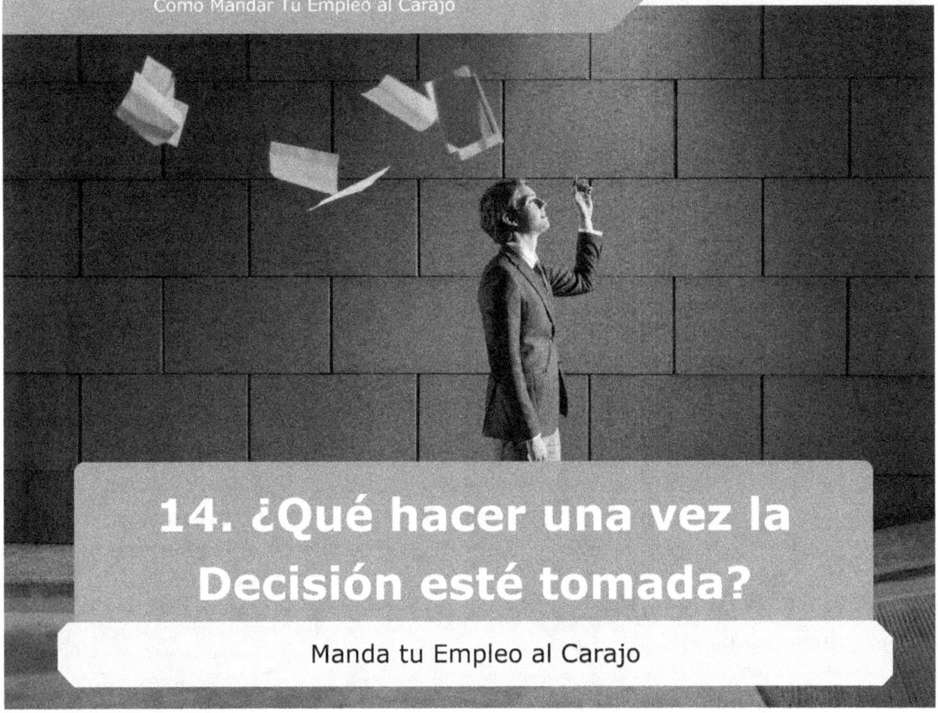

14. ¿Qué hacer una vez la Decisión esté tomada?

Manda tu Empleo al Carajo

Muy probablemente este capítulo lo tengas que volver a revisar tiempo después una vez que hayas puesto en práctica todo lo que vimos en la parte 1 sobre inteligencia emocional y en la parte 2 sobre inteligencia financiera. Ese era el grueso de este libro. Sin embargo, no quise dejar por fuera algunos consejos útiles para que tengas en cuenta una vez hayas tomado la decisión de liberarte de tu horrible empleo. Todo lo siguiente es opcional por si hace algún sentido para ti.

Mientras puedas no sueltes una rama sin tener otra en la mano

Esto quiere decir que a menos que hayas alcanzado la independencia financiera y ya no necesites intercambiar tu tiempo por dinero ni quieras o puedas emprender un negocio propio, intenta conseguir otro empleo antes de mandar el actual

al carajo. Ahora con tu nueva inteligencia emocional tienes más herramientas para evitar que te pase lo mismo en un nuevo empleo que en tu empleo actual, así que, si aun dependes de trabajar para sobrevivir, pues busca un nuevo empleo mientras aún tengas el actual. Esto hará que no tengas que usar la reserva de ahorros equivalente a 6 meses de salario y cambies de ambiente. Recuerda que ser empleado no es malo, el empleo no es malo, solo debemos hallar el correcto para nosotros según el momento de nuestra vida.

Para lograr ese objetivo y con el dinero que hayas rescatado del despilfarro con tu nueva inteligencia financiera, es recomendable pagar un asesor de imagen que te ayude a diseñar tu hoja de vida o curriculum vitae, te entrene para presentar entrevistas de trabajo y tenga contactos y conocimiento de que empresas están buscando candidatos. Más que una asesoría se trata de ponerte en el mapa de los buscadores de talento y obvio estar lo mejor preparado posible.

Sabías que, por ejemplo, no debes aplicarte loción para una entrevista de trabajo porque podrías despertar inconscientemente en el entrevistador un mal recuerdo con ese aroma y eso te puede perjudicar. Todas esas cosas las aprendes a manejar con la asesoría de un experto. Puedes buscar en Instagram a **claudiapalacio_hojasdevida** que tiene muchos años de experiencia en esa área.

Si no quieres pagar por esta asesoría, en Youtube hay varios videos de cómo preparar tu curriculum y como tener un perfil de LinkedIn exitoso. No dejes estos dos aspectos de lado que son cruciales para ser visible por los reclutadores de talento de otras empresas.

Haz una simulación y un plan de tu vida sin tu empleo actual

Si no quieres volver a emplearte y piensas vivir de tus fondos de 6 meses para darte un respiro, es importante que antes de mandar tu empleo al carajo, visualices cómo será tu vida sin el empleo. Es decir, no te puedes quedar de vagales (super vago) seis meses y cuando se terminen tus reservas económicas salir como loco a buscar empleo. Trata de planificar algunas tareas puedes hacer como:

- Leer y aprender más sobre temas que te interesen y te pueda servir para mejorar tu calidad de vida
- Horarios para buscar oportunidades laborales o emprender
- Meditar y trabajar en tu ser
- Hacer ejercicio
- Encontrar o retomar un hobby
- Ponerte en contacto con viejas amistades y ampliar tu red de contactos. Entre más relacionado estés, mayor será el número de oportunidades que se te puedan presentar
- Visitar a tus padres, familiares y amigos que tenías olvidados porque tu empleo no te dejaba tiempo
- Cualquier otra cosa útil que quieras hacer.

También planifica cómo vas a optimizar tu reserva de 6 meses. Si no te importa afectar tu estilo de vida actual (para el cual fue pensada la reserva de 6 meses de salario), puedes vivir en modo supervivencia y hacer que tu reserva dure mucho más tiempo.

No hagas nada sin tener un plan. Recuerda que, si no le dices a la mente que quieres, y le das el control de tu vida, ella va a funcionar primando sobrevivir y ahorrar energía y eso básicamente se traduce en ver televisión echado en un sofá todo el día, todos los días. No dejes que eso pase. Sería un retroceso a todo lo que has aprendido y logrado en este viaje.

No renuncies a tu empleo voluntariamente sin intentar negociar antes

Este punto es muy importante, porque si tu empleo es horrible, el dinero es lo que te ata a él. Tu miedo a quedarte sin tu salario es lo que no te dejaba mandar tu empleo al carajo. Sin embargo, cuando tienes la decisión tomada tú tienes una ventaja, porque es como si ya no tuvieras nada que perder. Obvio sigue dando miedo dar ese gran paso y probablemente moverás hacia futuro la fecha un par de veces. Pero si ya la decisión está tomada, por fin tienes algo a tu favor, y es que ya no te importa nada, cómo digo yo, "Suerte P.Q.E.K.s".

Como ya no te importa nada y no tienes más que perder, vamos a jugarnos una última carta, que puede que al comienzo no te guste mucho, pero que si sale la jugada será muy beneficiosa para ti. Como ya tienes explotada tu inteligencia emocional y puedes entender y controlar mejor tus emociones (y obvio si quieres hacerlo porque es opcional), intenta lo siguiente:

- Arma un discurso sobre las cosas que tienes para agradecerle a tu jefe. Trata de ser sincero y si no puedes es mejor no inventar. Si fue un mal jefe obvio no querrás agradecer nada a ese primate inmundo que solo generaba más problemas que soluciones, pero recuerda la inteligencia emocional e intenta ver que puedes agradecer.

- Pídele a tu jefe una reunión privada. En ella vas a empezar a "endulzar el oído con tus agradecimientos". Luego le dirás que por la confianza que le tienes quieres hablarle de algo importante y le dirás que sientes que tu ciclo en la compañía está terminando, que quieres aprender nuevas cosas para empezar nuevos proyectos en tu vida y que sientes que ya tu puesto de trabajo es hora de pasarlo a otra persona que traiga ideas frescas.

- Finalmente, por la confianza y admiración que le tienes, quieres pedirle que te ayude a que la empresa negocie contigo tu liquidación por tu tiempo de servicio y compromiso, le vuelves a agradecer por lo que sea que le vayas a agradecer, y le reiteramos que acudiste a él o ella porque sabes que te puede ayudar.

Aquí lo que buscamos es que la empresa haga un acuerdo contigo, como si te despidieran, para que te den algún dinero extra. Si la empresa no te quiere despedir y tú renuncias solo te irías con el dinero de las prestaciones de ley, pero si logras negociar un acuerdo donde la empresa te "despide" y te dan un porcentaje (así sea mínimo) de la indemnización que te correspondería si te despidieran realmente, pues es una ganancia para ti. Cualquier dinero extra es bienvenido.

Cuando yo no entendía el tema de la indemnización en mi país, (el dinero extra que la empresa debe pagarte si te despiden sin justa causa) yo veía como muchos compañeros hablaban que, como llevaban 20 años en la empresa, sus indemnizaciones eran como $100.000 dólares si lo llegaban a despedir sin justa causa. Entonces yo decía, con razón no renuncian por más aburridos que estén. Yo juraba que cuando uno se pensionaba, le daban el dinero de la indemnización, pero NOOOOO. Ese dinero solo te lo ganas si te despiden sin justa causa. Allí fue cuando dije *"¿entonces para qué diablos hacen cuentas con ese dinero si en esta empresa prefieren verlos pudrirse antes que despedirlos?* Ellos no tenían respuesta, eran como loros o pericos que les enseñaron a repetir cosas que ni entienden.

Luego me puse a investigar con otras personas y resulta que muchas empresas negocian contigo tu salida. En una empresa donde yo trabajaba, por ejemplo, cuando te iban a despedir te ponían sobre la mesa dos cartas, una de renuncia y otra de despido. Si firmabas la de despido pues te ibas con tu indemnización y salías como echado de la empresa. Si escogías la carta de renuncia, ellos te daban un bono igual a tu indemnización y salías de la empresa de una manera más "honrosa" o al menos eso creía la gente. El truco es que cuando tú renuncias, no tienes derecho luego a demandar a la empresa por ningún motivo como acoso laboral o explotación. Por eso es que jugaban con la mente de las personas, dándoles un bono igual a la indemnización, pero a costa de perder tu derecho a demandarlos. Y si lo hacían es porque ante una demanda llevaban las de perder. El punto es que puede que tu salida le convenga a la empresa y puedas llegar a un acuerdo.

Si llevas poco tiempo en la empresa, puede que tu indemnización no sea mucha, pero si llevas mucho tiempo y quieres irte, vale la pena intentar negociar. Imagina que tu indemnización es de 100.000 dólares y tú renuncias, no recibes nada de esos 100.000. Ahora imagina que tomas la valentía de hablar con tu jefe y él te dice que te puede ayudar a que la empresa negocie tu salida por el 20% de tu indemnización si te quedas 2 meses más entrenando a tu reemplazo. Te ganarás 20.000 dólares por quedarte 2 meses más con salario y prestaciones. Si lo anterior hace sentido para ti, hazlo, no tienes nada que perder y mucho que ganar.

El caso más particular a tener en cuenta es que si has sufrido algún tipo de abuso laboral por parte de tu jefe o de la empresa y quieres demandar, por ningún motivo renuncies. Puede que, según las leyes de tu país, pierdas todos los derechos a demandar si renuncias. Pero eso es un tema de leyes y abogados con el que es mejor buscar asesoría experta.

Prepara tu carta de despedida

Esta carta es más una formalidad o cortesía para dejar algunas puertas abiertas con personas que consideres te pueden ayudar en un futuro. Obvio si tu empleo es horrible y te sientes ofendido, habrá pocas motivaciones para escribir esta formalidad, sin embargo, la puedes usar como una forma de cerrar tu ciclo de la mejor manera. Piensa que no todas las personas de ese horrible empleo fueron malas contigo y algunos contactos valdría la pena conservarlos, no para volver a esa empresa, sino que podrían incluso llegar a ser tus socios o recomendarte para futuros empleos.

Ahora, si sientes que los sentimientos que tienes entre pecho y espalda se los tienes que decir a tu jefe, adelante. Si necesitas decirle qué es un homúnculo inmundo que te hizo la vida miserable, pues ya que te vas a ir desahógate, pero ya vimos que puede que parte de la culpa la tuviera tu jefe, pero también otra parte es tuya. Piensa en que tanto beneficio o perjuicio te traerá esa decisión. Si trae beneficio, adelante.

Al escribir la carta de despedida ten en cuenta lo siguiente:

- Nombrar el área o departamento de tu empresa donde trabajabas.

- Dar gracias por haberte escogido a ti y por la confianza que te brindaron para desempeñar el cargo.

- Comunica tu decisión de finalizar la relación laboral y la fecha desde que ingresaste a la empresa.

- Los motivos por los cuales tomaste la decisión. Aquí no es muy recomendable hacer críticas a tu jefe o a la empresa, porque todo se puede prestar para malas interpretaciones. Si deseas hacerlo, pide una reunión al departamento de talento humano donde puedas expresar tus inconformidades y dejarlas claras, si tienes la necesidad de hacerlo y sacarte eso que sientes entre pecho y espalda.

- Nombra las cosas que aprendiste durante tu tiempo en la compañía.

- Agradece nuevamente, te despides, y suerte P.Q.E.K.s.

Aquí tienes un ejemplo genérico que puedes adaptar a tu realidad

Cordial saludo:

Quisiera iniciar dando gracias por haberme seleccionado como miembro activo del equipo del área XXXXXXXX y por la confianza depositada para desarrollar el cargo asignado.

Por la presente le comunico mi decisión de finalizar la relación laboral que mantengo con la compañía en el cargo de XXXXXXXXX a partir del próximo (Fecha), el cual he venido desempeñando desde el (Fecha en que iniciaste en el cargo). Los motivos de esta decisión obedecen a causas estrictamente profesionales, que espero y deseo sepa comprender y que me llevan a desarrollar mi carrera profesional en otro sector empresarial.

Durante este tiempo, tuve la oportunidad de aprender muchos aspectos relacionados con XXXXXXX, XXXXXXXX, XXXXXXXX y XXXXXXXXX

Agradezco nuevamente la confianza depositada en mí para desempeñar el cargo, el hacerme parte de este equipo y la oportunidad profesional que me brindó la compañía, pues en ella he adquirido nuevas destrezas y competencias, las cuales, son aspectos que sé, me permitirán abrir puertas donde quiero que mis metas profesionales me encaminen.

Atentamente,

Tomar la decisión y seguir adelante

Cuando tengas todo listo y hayas movido la fecha de mandar tu empleo al carajo un par de veces, finalmente llegará el día. Tendrás mucho miedo, pero es una sensación que debes superar y dar el paso. Es de esos momentos de la vida de ahora o nunca y ya vimos que pasará si nunca lo haces; te espera una vida de amargura y arrepentimientos. No hay un consejo para esta parte más allá que si ese empleo te hace infeliz, si no es lo que quieres para tu vida, y ya has tomado las medidas necesarias explotando tu inteligencia emocional y financiera, pues no esperes más. **Nada cambia si tú no cambias**. Yo renuncié a un par de empleos sin saber todo esto y sin saber muchísimas otras cosas más que me hubieran ayudado e igual aquí estoy. Mucha gente ha renunciado incluso peleando con sus jefes y aquí están en este mundo, viviendo sus vidas.

> *Dejar un empleo que no te hace feliz no es el fin del mundo, pero si puede ser el comienzo de tu historia en este mundo.*

EPÍLOGO

Querido lector, querida lectora, espero que con este libro hayas encontrado mucho más valor que el que prometía el título. Más allá de darte consejos y recomendaciones sobre cómo renunciar a un empleo, quise volverme a poner en los zapatos de aquellas personas agobiadas por situaciones como un empleo frustrante, que les amargan la vida, los hacen sufrir y así ese sufrimiento no sea considerado algo tan grave por los demás, los demás no saben cómo duele. No saben cómo duele ver pasar los días de tu vida y no tener un propósito para lo que haces, no saben lo que es no disfrutar la vida por vivir rodeado de los problemas constantes y hasta estúpidos con los que un empleo frustrante te roba tu tiempo y peor aún, no saben el sufrimiento que te causa todo esto por más que lo intentes aparentar. Yo te entiendo, yo lo viví por muchos años y es un camino por el que muchas personas transitan actualmente y eso me duele así yo ya no esté en ese camino.

Me duele ver genios desperdiciados, sentados en una oficina haciendo algo que no les da felicidad porque en algún momento algún familiar o maestro les dijo que el arte al que querían dedicarse no les iba dar dinero para vivir. Me duele ver cómo los jóvenes técnicos y profesionales salen al mundo laboral muy endeudados (porque de otra forma no hubiera podido pagar sus estudios) y a pesar de sus conocimientos y preparación, les toca aceptar a cualquier empleo por la necesidad económica de pagar su deuda estudiantil y no son valorados, por el contrario, cada día les van robando su entusiasmo de querer cambiar el mundo. Me duele ver cómo el mundo va perdiendo seres humanos alegres, porque se convierten en personas infelices y amargadas por sentir que no tienen más salida que hacer lo que detestan por dinero.

Lo que realmente busca este libro es mostrarles a las personas otro camino a través de la inteligencia emocional y la inteligencia financiera para que no solo puedan manejar mejor el cómo mandar un empleo al carajo, sino cualquier situación de sus vidas. Espero haber contribuido en algo para mejorar tu vida y la de tus seres queridos, porque ellos de alguna manera también sufren con tu sufrimiento; ellos también se merecen la versión feliz tuya que los contagie de felicidad y de ganas de vivir la vida. Ojalá este pequeño granito de arena, pueda contribuir a crear un mundo de personas más prósperas, más felices, más libres y más conscientes, no solo de sus propias vidas, sino también de las vidas de los suyos, de los demás seres humanos y criaturas de este planeta, que es nuestro único hogar, del cual dependemos para vivir y debemos elegir aprender a convivir en armonía con él. Seamos una mejor humanidad, sé que podemos lograrlo si aprendemos a ser felices.

Como ves esta obra no fue pretendida solo para empleados con un horrible empleo. Así esté muy enfocada en ellos porque me identifico con ellos, espero que les sirva a muchas personas. Si a ti te ha ayudado, y conoces a otras personas (sean o no sean empleados) que la parte 1 de inteligencia emocional o la parte 2 de inteligencia financiera les pueda servir, recomiéndaselo a ellos también.

Muchísimas gracias por leer **COMO MANDAR TU EMPLEO AL CARAJO**. Te deseo toda la prosperidad y felicidad que sé te mereces.

AGRADECIMIENTOS

Este libro no hubiera estado hoy contigo de no ser por el apoyo de varias personas que me animaron a escribirlo.

Quiero empezar agradeciendo a mi mentor, Jairo Forero, que me impulsó a compartir todo este conocimiento, que antes tenía solo para mí, con el mundo. Muchas gracias a Jairo por quitar de mi vista creencias limitantes y convencerme de ese SÍ PUEDO.

Agradezco a mi gran amigo de toda la vida, Pedro Andres Ospina, que me ayudó con su enfoque tan particularmente pausado, pero tan certero a la vez, a revisar cada capítulo del libro con el fin de mostrarle a la gente las ideas de una manera mucho más clara y sencilla.

Mi esposa Adriana que no solo fue protagonista de un par de historias de esta obra, sino que además me ayudó con todo el tema de redacción. Su fe ciega en que yo siempre pueda lograr lo que me propongo es lo que me empuja a nunca defraudarla y este libro solo es una prueba más de ello.

Como olvidar a mis excompañeros de trabajo, mis camaradas de lucha ante la opresión de nuestro empleo (ex empleo en mi caso), que con sus historias jocosas me dieron material para bromear y amenizar muchos de los capítulos del libro. Ojalá te hayas reído con alguna de sus historias. No te imaginas lo que es escuchar en vivo y en directo la historia del caballo y los 3 litros de laxante.

Quiero dar las gracias a todas las personas que tuvieron que ver de alguna forma con este proyecto y que, sin su valiosa ayuda, no hubiera sido posible.

Finalmente darte las gracias a ti querido lector, querida lectora, por creer en este libro cuando lo viste sin saber de qué trataba

y haberle dado la oportunidad. Espero haber podido aportar algo bueno para tu vida.

Me fascinaría saber de ti y que cambios vas a implementar a partir de ahora. Contáctame por whatsapp al +57 316 846 2056, escríbeme a ordenatuvidahoy@gmail.com o déjame un comentario en facebook www.facebook.com/ordenatuvidahoy o Instagram @ordenatuvidahoy que estaré encantado de leerte.

Que la prosperidad y felicidad que te mereces lleguen a tu vida

Como Mandar tu Empleo al Carajo

Si te interesa saber más sobre:

- Inteligencia emocional
- Coaching apreciativo
- Descubrir tu esencia con eneagrama
- Curso sobre administrar tu dinero
- Vivir libre de deudas
- Crear un presupuesto adecuado para ti
- Herramientas financieras en hojas de calculo
- Asesoría personalizada
- Y muchos temas más...

sígueme en redes sociales, donde estaré publicando sobre futuros cursos, webinars, libros y compartiendo mucha información de valor gratis. También puedes contactarme a

ordenatuvidahoy@gmail.com

+57 316 846 2056

ordenatuvidahoy

@ordenatuvidahoy